精进者的人文通识课

U0890106

这就是语言学

[日]佐久间淳一——著　范莉婷 程茜——译

SPM
南方出版传媒
广东经济出版社
·广州·

图书在版编目（CIP）数据

这就是语言学 /（日）佐久间淳一著；范莉婷，程茜译 . — 广州：广东经济出版社，2021.6

（精进者的人文通识课）

ISBN 978-7-5454-7727-6

Ⅰ . ①这… Ⅱ . ①佐… ②范… ③程… Ⅲ . ①语言学 Ⅳ . ① H0

中国版本图书馆 CIP 数据核字（2021）第 058976 号

著作权合同登记号：19–2021–049

特约编辑：钱怡羊
责任编辑：周　炜
责任技编：陆俊帆

这就是语言学
ZHE JIUSHI YUYANXUE

出版人	李　鹏
出　版 发　行	广东经济出版社（广州市环市东路水荫路 11 号 11 ~ 12 楼）
经　销	全国新华书店
印　刷	三河市信达兴印刷有限公司 （三河市杨庄镇大窝头村西）
开　本	210 毫米 ×145 毫米　1/32
印　张	8.5
字　数	176 千字
版　次	2021 年 6 月第 1 版
印　次	2021 年 6 月第 1 次
书　号	ISBN 978-7-5454-7727-6
定　价	52.00 元

北京营销中心地址：北京市东城区夕照寺街 14 号富瑞苑大厦 201
电话：（010）67138865　邮政编码：100061
如发现印装质量问题，影响阅读，请与本社联系
广东经济出版社常年法律顾问：胡志海律师

序言

语言学是一门比较复杂的学科，很多时候，人们都搞不明白它究竟讲的是什么。大家都知道语言学是以语言作为研究对象的，但是语言学究竟研究的是语言的哪些方面呢？

也许有人认为：“归根结底，语言学也就是外语的一种。”但实际上，学习语言学和学习外语的目的并不相同。我们学习外语时，有一个实用的目标，即掌握某种语言并熟练运用。而与此相对，即使学了语言学，也并不意味着马上就能流利地说外语，或者立刻写出一篇流畅的外语作文。

那么语言学的学习目标是什么呢？简而言之，语言学是对在地球上的所有动物中，只有人类能熟练使用的语言进行研究，并明确其结构的学科。语言有汉语、英语和日语等诸多语言，但是无论哪种语言，只要我们想学就能学会，这应该是每种语言都具有共同的某种属性的缘故。

这种属性是什么？为什么只有人类会使用语言？人类是如何使用语言的？回答这些问题的正是语言学。换句话说，由于语言学研究的对象是全世界的语言，因此，学习语言学并不能直接提高某种语言的运用能力。

然而，通过学习语言学，我们会逐渐明白语言的结构。但在那之前，我们也许会使用根据经验判断好坏的语言学习法来代替基于语言结构的合理学习法。如果通过接触语言学能提高我们对语言的兴趣，那么我们的外语学习也将更有成效。

每个人可能都会对学习语言感兴趣。在猜谜节目中，语言类的题目是固定出题类型之一，或者针对一门语言的学习热潮也会不定期出现，这都是我们对平时使用的语言感兴趣的证据。

尽管如此，针对一门语言的学习热潮并不会持续太长时间。这是为什么呢？因为随着一种语言的流行，以其为主题的书籍大量出版，同时还有不少相关的电视节目。但是，书和节目大多只是在阐述知识，过一段时间就会让人感到厌烦。

并不是说讲述高深的语言知识不好，但那和语言学的宗旨是不一样的。停下脚步思考平时无意中使用的语言，这才是语言学的目标。

这么说可能会让人觉得“语言学是一门很麻烦的学科”，但事实上，无论是谁，日常生活中都和语言有一定的联系。因此，语言学并不是一门门槛很高的学科。一开始可能很难上手，但是如果能稍微读上几页，就会发现语言这个深奥的世界正在翘首以盼地等待着各位读者。

本书一共分为十章，读者可以选择从一开始就按顺序阅读，但是由于每一章都涉及语言学的不同方面，因此也可以按照兴趣选择性阅读。

另外，本书主要说明的是语言学这门学科思考什么、如何思考，以及现在的语言学存在什么问题等。因此，对于语言学的专业用语，除了必要用语，本书都会以通俗易懂的表达形式呈现出来。希望本书能有幸成为读者对语言学感兴趣的契机。

佐久间淳一

2013 年 11 月

目录

01 什么是语言学?

02 “语言”的历史

03 从“语音”理解语言学

04 从“单词”看语言学

05 句子中的语言学

06 解读“意义”的语言学

07 观察文字的语言学

08 讲述“文化”的语言学

01
什么是语言学？

研究对象、研究方法

世界上有各种各样的学问，隶属于不同的领域，我们将各个领域的专家称为某某学者。

语言学是以语言为研究对象的学科。即使不是语言学的一部分，只要和语言有关，只要涉及相关的学科，语言学所涉及的研究领域就会急剧扩大。因此，虽说同是语言学家，但所从事的研究却因人而异。

说到语言学家，我们想到的也许就是能够流利地说几国语言的人。当然，语言学家中确实有这样的人，但并不是所有的语言学家都是这样。因此有必要区别考虑研究语言结构的学问和将语言作为实际交流手段的学问。

即使能流利地说几国语言，也不能仅凭这些就理解语言的结构；反之，即使懂得语言的结构，也不一定就能流利地说几国语言。

的确，作为语言学家却不擅长语言是很难的。实际上，语言学家虽然一般都是语言方面的佼佼者，但在平时的研究中，更多的人是对特定语言、特定主题孜孜不倦地进行研究。

所以，问题在于主要的研究对象是什么样的语言？

世界上既有使用者人数众多的语言，也有使用者人数较少的语言；既有新兴的语言，也有古老的语言。世界上有数以亿计的说话者，事实上，无论是正逐渐成为世界通用语的语言，还是只有极少数人使用的语言，都是语言中的分支。当然，通过选择不同的语言作为研究对象，语言学家所进行的研究也大不相同。

以一种语言为研究对象的语言学家，如果不去完全使用该语言的地区，就无法进行研究。因为这种语言或许没有被记录下来的资料，所以记录该语言的实际情况就迫在眉睫。研究这类语言的学者当然是少数，也几乎没有其语言使用的社会情况和文化传承等方面问题的研究,所以有时也不得不跳出语言学，着手于人类学或是民族学的研究。

研究特定语言的特定主题的语言学家

相反，如果是英语等主流语言，即使不去当地也可以进行研究。当然，如果要以口语或方言作为研究对象，进而深入研究主流语言，也有必要去当地搜集数据。另外，如果追溯所研究语言的早期阶段，即便是在语言使用的当地可能也搜集不到有效的资料。不过从事研究主流语言的人很多，前辈们可能已经搜集了很多的数据。更重要的是，近年来研究者们公开了将语言资料电子化的语料库，人们可以在全世界任何地方用计算机提取数据，研究变得更容易了。

无论过去还是现在，都有很多研究者以主流语言为研究对象，并倾向于细致化的研究。当然语言学的目标是阐明语言的结构，所以不必过分拘泥于细节，但实际问题是，一个研究者很难对语言的语音、语法、意义及方言等所有方面同时进行研究。

与此相对，如果是非主流语言，至少也要由一名研究人员对该语言的整体进行研究。用于研究的工具和方法也会根据研究的内容有很大的不同。例如，有研究人员认为用摄像机进行观察是研究的必要条件。这些通常是研究幼儿语言习得过程的研究者、研究人们交谈时使用的策略的研究者或者是手语的研究者。另外，在调查方言、代际之间的语言差异、双语使用等群体语言使用情况的研究中，采访调查和统计处理结果是必不可少的。

另外，还有一些人专门坐在研究室的桌子前，只利用书和电脑进行研究。

像这样，虽说都是语言学家，但其日常研究却大不相同。一方面，语言学涉及的领域很广，而另一方面，由于各个研究者的研究内容被细分，语言学家之间的共同体也倾向于在小范围内被封闭起来。

小知识

语言使用者数量：语言使用者的数量是根据计算母语使用者和作为第二语言使用的人数统计的，语言使用者数量会发生很大的变化。据2013年Ethnologue.com（民族语言网）统计，以汉语为母语者人数是12亿人，居世界第一位（按方言分类，北京官话为8.5亿人，居第一位）；英语仅次于西班牙语，居第三位；日语位居第九位。

共时语言学、历时语言学、言语、语言

语言学究竟是从什么时候开始的呢？

如果说语言学是研究语言的学问，那么它的历史可以追溯到很久以前。语言是文明的载体，当文明发展到一定程度，人们自然而然地就会关注语言、研究语言。在这种情况下，语言研究的目的在于如何正确书写语言，以及如何正确解释书写的语言。也就是说，人们在使用语言、研究语言的同时，开始注重语言的规范。

那时，文明和学问并非广泛属于普通大众，而是被部分阶层所垄断。虽然任何人都会说话，但能读写的人却是极少数。

正因为如此,为了成为公认的能够担负起文明和学问重任的人,语言的读写必须符合规范。

正如现在学校教育的语言规范一样，为了在群体内部形成交流，语言的规范是有必要的。因此，根据当时社会的需要而研究语言规范的学问，毋庸置疑可称为语言学。

将语言作为规范来看待，意味着将语言视为了社会制度的一种，并使其固定下来。但是在实际的语言使用中，并不是所有的说话者都认为一个规范是稳固的，也不是所有的说话者都会遵循它。

当然，如果每个人的语言使用方法完全不同，交流是无法进行的，所以在同一种语言的说话者之间，应该有关于其使用方法的某种默契。但是关于该默契，即关于语言的共有知识，并不是那么明确地存在。

为了了解这些共有知识的实际情况，只能仔细观察实际使用的语言，然后归纳解释。观察的对象并不局限于一部分人能读懂的书面语，而是除了刚出生的婴儿，所有人都能使用的口语。不以规范存在为前提，而是通过对作为研究对象的语言进行客观的观察，试图接近语言最真实的情况，与近代科学的方法论同出一辙，近代意义上的语言学就此诞生了。

活跃于 19 世纪至 20 世纪的瑞士语言学家索绪尔引导了这一近代意义上的语言学的诞生。当索绪尔学习语言学并开始作为研究者活跃于语言学界的时候，在欧洲的其他地区，比较语言学的研究迎来了鼎盛时期。

小知识

费尔迪南·德·索绪尔：瑞士语言学家，专业是印欧祖语音韵体系的比较语言学。他被称为现代语言学之父，他以符号论为基础，率先提出了结构主义。在他去世后，他的学生巴利和薛施蔼将其讲义整理成《普通语言学教程》(1916) 一书。

比较语言学是以比较有系统关系的语言，重建相当于两者共同祖先的语言为目标的学科。通过对语言资料的详细观察和基于严密方法论的规律性推导，对于无法得到直接资料的古代语言的实际情况进行相对准确的推测。

小知识

比较语言学：19 世纪在德国发展起来的语言学的一个领域。比较语言学明确了在同一系统的语言之间有严格的音韵对应，并在重建印欧祖语等方面取得了重大成就。另外，比较语言学将不属于同一系统的语言进行比较的研究被称为对照语言学。

与以往的语言研究过于拘泥于规范，而未必正视语言实际情况相比，将详细观察和假设验证这一科学方法引入语言学研究，从这一点来看，比较语言学的出现对语言学的历史具有划时代的意义。

但是，如果要观察语言，就不能只关注语言的过去，更应该观察现在使用的语言。要考虑语言的历史性变化，作为其前提，就有必要弄清语言在历史各个阶段的实际状况。索绪尔本身是一名比较语言学家，他非常清楚比较语言学的意义。他认为在进行像比较语言学这样关于语言的历史研究之前，首先应查明各个时代，特别是目前语言的实际状况。

当说到语言的实际状况时，并不局限于书面语，每个人在日常生活中使用的口语才是被观察的对象。正是由于索绪尔的这一主张，语言研究才第一次从规范的桎梏中解放出来，迈出了新的一步。

索绪尔将语言学的研究领域大致分为共时语言学和历时语言学。前者是研究各个时代语言实际状况的领域，后者是研究语言变化的领域，首先要优先研究的是前者。这项研究的基础在于观察实际使用的语言，一经观察就会发现，每个人所说的语言并不完全一样。

既然语言在群体内部形成了交流，那么其成员就应该共有关于他们所使用语言的某些知识。索绪尔将每个人实际说的语言称为“言语”，将语言相同的群体，即语言共同体成员共有的语言相关知识称为“语言”。他提倡要首先研究语言。

这里，必须注意“语言”与规范完全不同。因为规范是既定的，而“语言”是语言共同体的说话者通过其语言活动主动建立起来的。

03 语言学和结构主义

索绪尔主张的语言的本质

20 世纪现代思想的代表是结构主义，语言学也常常因为与结构主义相关联而被提及，索绪尔的语言学被认为是结构主义。不过，由于结构主义的兴盛是在 20 世纪后半叶，所以不如说索绪尔是结构主义的开创者更恰当。因此，即使说索绪尔的语言学是结构主义，但与 20 世纪后半叶的结构主义思想相比，它还处于非常朴素的状态。

小知识

结构主义：20世纪60年代在法国迎来繁荣的思潮。相对于把人类视为自主主体的存在主义，结构主义主张人也在结构上受限。索绪尔的“差异原则”思想被认为是结构主义的先驱。进入70年代后，倡导结构“解构”的后结构主义出现了。

那么，索绪尔到底主张了些什么呢？索绪尔所提倡的哪一部分符合结构主义呢？

根据索绪尔的说法，语言中只有差异。这是怎么一回事呢？任何语言都是由很多的单词组成的，但语言不是单纯的单词集合，而是单词的总体即语言，每个单词在相互交织的关系网中，应该被消极地定义为与其他单词不同的个体。换句话说，语言不是单纯的要素集合，而是体系，构成语言的要素离开体系就不可能存在。

对此，索绪尔表示，单词不是事物的名称。如果概念先于语言存在，那么单词就是赋予概念的名称。但是，根据索绪尔的说法，事态恰恰相反，概念是通过被命名才存在的。

对于这样的想法，人们马上就会表现出这样的反驳——不管是马还是羊，难道不是在人类获得语言之前就已经存在了吗？

这里需要注意的是，马和羊在人类获得语言之前就已经存在了，但它并不是作为“马”和“羊”存在的，而是没有名字的某种存在。在这个阶段，人类能够在脑海里浮现出来的，只有实际看到的动物和形态类似的动物，还没有把形态特殊的动物概念化。为了使概念成立，并且与其他概念有所区别，于是有了“马”和“羊”这样的单词。

原本，能够称之为“马”的动物，根据个体的不同，其形态也多少有些不同。但是，之所以将它们全部称为“马”，是因为在与现实事物相对应的同时，我们也在抽象的层面上把握了这个概念。也就是说，只要具备能够与其他动物区别的某种特征，这些动物都是“马”，与细节的差异无关。但是，想要在抽象的层面上处理概念，需要将概念进行符号化。并且，与概念相对应的符号才是“马”“羊”等简单的单词。

关于如何区分一群动物，并不是只有唯一绝对的答案。如果一群动物中有既不能称为“马”也不能称为“羊”的动物，那么有必要准备新的单词。但这并不意味着只是简单地增加单词，而是根据概念如何来区分一群动物，其区分方法发生了改变。

首先具有“概念的差别化”

像这样，我们人类将原本无界限的单一世界，通过语言划分了出来，从而第一次能够进行超越直接感知世界的思考。也就是说，幼儿在掌握语言之前，认为世界是混沌的。

但是，索绪尔并不是像后面叙述的萨丕尔和沃尔夫那样，主张语言决定人类的思考方式。的确，在区分同一群动物时，根据语言的不同，可能会使用不同的单词，但这并不意味着我们不能理解其他语言的区分方法。

也就是说，索绪尔认为，根据单词的区分方法本身并不具有重大意义，某一领域内由几个单词区分，其结果是单词在该领域内只具有相对价值，这就是语言的本质。

当然，语言是由差异的网格构成的结构，人类学习语言需要一定的时间，掌握完整的语言结构不可能一蹴而就。另外，在差异的网格之中，常会有脱线、纠缠的情形，因而也不是一张完美的网格。但是，索绪尔关于语言构成结构的主张，为阐明说话者之间的共有知识和个人的语言能力开辟了道路，对之后的语言学发展产生了决定性的影响。

值得一提的是，索绪尔的理论，尤其对法国的学者、思想家产生了深远的影响。例如，文艺评论家罗兰·巴特把将单词作为符号的想法扩展到文学、电影、音乐等各种文化现象当中。另外，索绪尔认为语言不是要素的集合，而是由差异体系构成的结构，这一观点对精神分析学家雅克·拉康的精神分析论产生了影响。其中，人类学家列维·斯特劳斯将索绪尔的方法论应用于人类学，以二项对立的组合分析亲属关系的结构，他也作为确立结构主义的人物而为人所知。

小知识

克洛德·列维－斯特劳斯（1908—2009）：法国社会人类学家。通过对土著社会神话和亲属结构的研究，揭示了所谓的未开化社会也存在秩序的事实。因其方法论而被称为结构主义之祖。主要作品是《亲属关系的基本结构》(1949)。

04 语言学的使命和脑科学

语言能力的阐明和脑研究的现状

语言学是一门揭示语言结构的学科。为了弄清某一事物的结构，在进行考察之前，首先必须仔细观察它。当然，语言学也是从观察语言开始的。某人说的语言以及某人写的语言，这些都是被观察的对象。

然而，语言学考察的对象不止于此。这是因为，我们人类实际上可以创造出无限的句子，而且，在听或读的时候，只要是同一语言的说话者，就可以容易地理解其内容。也就是说，这些有可能发出或记录下来的语言也是语言的一部分，因此也必须成为语言学考察的对象。

话虽如此，一个人一生所说的句子数目庞大。而且，每个人所经历的情形都不一样，所以每个人所说的词语也不一样。如同刚出生的婴儿一样，新的句子不断地增加，其结果是，作为语言学考察对象的句子是没有限度的。

人类无法观察没有止境的东西，而且原本还没有说出来的语言是不能观察的。因此，即使所有这些都是语言学的考察对象，实际上也是以能够直接观察到的语言的一小部分为对象进行考察的。

但是，如果只能观察到一小部分要考察的对象，那么我们怎么能从观察中发现语言的结构呢？

这里需要注意的是，我们人类并不是单纯地记忆句子然后直接使用，或者对照着记忆理解句子。

我们人类可以根据自己过去说出的或者听到的别人说出的句子，创造出与之相似或者将其重新组合起来的新句子。这说明，我们人类已经掌握了构成句子的某种结构。这个结构就相当于产出语言，理解它的能力被称为语言能力。

语言能力不仅包括实际表达的语言，还包括产出可能表达的语言的能力，以及理解这些语言的能力。也就是说，语言能力是语言成立的基础，明确其内涵，就等于明确语言的结构。

小知识

语言和大脑：掌管语言的脑区域称为语言区，根据失语症的病例，确定了与语言产生相关的布洛卡区（运动性语言中枢）和与理解相关的韦尼克区（知觉性语言中枢）。在那之后人们发现，语言的各个功能是通过多个部位协调工作来实现的。

这时，能够实际观察的句子是通过语言能力产生的，因此，反过来，也应该能够从实际的句子中表现出的语言能力。如果语言的内容并不复杂，那么解释语言能力所需的句子数量也不会太多。当然，我们事先并不知道语言能力到底有多么复杂，尽可能多地考察句子一定是必需的，但并不是说不实际考察所有的句子就不能阐明语言能力。

如上所述，语言学的使命是阐明语言的结构，即语言能力，在阐明时，基本上采用了以实际使用的句子为线索进行思考的归纳性方法。但是，语言是在我们人类的大脑中产生的，难道我们不能通过考虑大脑的结构和功能来直接揭示语言能力吗？

实际上，脑研究近年来有了很大的进步，有了很多新的见解。就脑内的语言处理过程而言，虽然我们已经知道了在语言处理的过程中大脑的哪个部位在活跃，但是我们并不知道单词和语法的知识是如何储存在大脑内的，以及如何使用这些知识组合单词来创造句子，因此我们不得不考虑在不远的将来弄清楚大脑进行语言处理的全过程。

从语言学的角度来看，当前，我们致力于用现有的方法阐明语言能力。而对于将大脑内的处理过程在何种程度上融入语言学的分析中，有些人认为应该尽可能地反映出来，也有些人认为只要从语言学的角度来看是最合理的说明即可。

按前者的说法，目前大脑内的处理过程还有很多未知部分，原本就无法论证。认知语言学将人类的语言能力视为人类认知能力的一部分，但由于认知能力的实际情况也不明确，所以其主张只不过是在单纯地叙述煞有介事的事情而已。

照后者的说法，如果分析的结果与脑内的处理过程相差甚远，那么分析又有什么意义呢？例如，生成语法的观点作为体系较为完备，几乎可以产生在该语言中可能存在的所有句子，但是也有批评认为，将其产生的过程看作实际的脑内处理过程过于复杂，最终无法弄清语言能力本身。

不管怎样，从语言学的角度来看，脑科学的现状尚不成熟，不能成为决定各种思想优劣的标准。

小知识

脑功能和成像：语言学中把处理语言和大脑关系的语言学领域之一称为神经语言学。近年来，人们通过使用功能性磁共振成像法（FMRI）和正电子发射断层扫描（PET）等测定血流，实现了语言使用时大脑活动状况的可视化，有望对语言能力的阐明作出更大的贡献。

05 语言能力是天生的吗？

先天能力和语言习得的关系

只要一个人不存在某些身体缺陷，任何人都可以掌握与教育程度无关的特定语言。我们将该语言称为母语（一般称为本国语言，但国家和语言并不一定对应，所以在语言学中使用母语这一用语）。

母语不是一出生就会说的。通常，婴儿出生后半年左右，就会发出“babu”的发音，不久，就会发出像“妈妈”这样有意义的单词。单词最初也是一个一个使用的，之后开始并列使用两个单词，慢慢地使用的单词数量逐渐增加，变得更像语言了。在 5 岁左右的幼儿虽然和大人说的话还有差距，但是几乎他们已经掌握了语言的结构。

那么，为什么人类能够学会语言呢，难道是因为周围的大人拼命教导的缘故吗？确实，如果是热衷教育的父母的话，应该会教给孩子各种事物的名称，帮助他们学习语言。然而，无论父母的热情如何，孩子迟早都会学会语言的。因此，父母的帮助不是语言习得的决定性因素。

在这一点上，语言习得与孩子学会站立走路的过程相似。孩子刚出生时不会走路，但不久就会爬行，然后扶着物体站起来，最后再到迈开脚步。这一过程，无论时间长短，每个孩子都会经历相同的过程，并不需要特别的训练。即使不经过特别的训练，一定的时间后，孩子就会掌握这种能力。这可以解释为，能力本身是先天性的，只是作为实际的能力表现出来，需要一定的时间。那么，语言习得也可以理解为发现先天具备语言能力的过程。

当然，学习语言也可以通过在学校学习而掌握更高级的语言能力，在这一点上，虽然与走路的能力不同，但不可否认的是，至少一部分的语言能力是先天具备的。

问题可能在于其先天能力的内涵。关于这一点，研究者之间也有各种各样的意见。原本，基本上每个人的走路方式都是一样的，但就语言而言，地球上有成千上万的语言，并不是每个人都会说同样的语言。无论生物学上的父母说什么语言，孩子都会学会抚养他的人的语言。通常情况下，生物学上的父母也是抚养者，所以父母和孩子会说同样的语言，但是由于某种原因被父母以外的人抚养，如果那个人说的是不同的语言，那么孩子也会说不同的语言。

由此可见，学习语言除了先天能力外，还需要在语言习得期听取实际语言的经历。也就是说，父母等周围人所说的语言，会成为我们发现将孩子原本所具有的语言能力作为实际语言的契机。既然如此，那么即使先天具有语言能力，学习语言的过程也有可能是模仿周围人说话的过程。

当然，模仿需要语言能力才能实现，这是不言而喻的。但是，如果模仿在语言学习的过程中起着很大的作用，那么先天掌握的语言能力只是提供了一种使模仿成为可能的认知框架，通过模仿的后天学习对获取语言更重要。

相比之下，从注重先天语言能力的角度看，人在诞生之初已经基本掌握语言的语法，出生后的几年里，与其说是模仿的时间，不如说只是为了发现和确定天生掌握语法的一段时间。

前者的想法接近认知语言学的想法，后者的想法接近生成语法，但两者的想法都各自存在问题。

小知识

认知语言学：把语言能力作为人类认知能力的反映。1980 年代以后在反对生成语法的基础上发展起来。其渊源在于兰盖克的空间语法、雷科夫的生成语义学和菲尔莫尔的框架语义学等。

首先，根据前者的想法，仅凭先天的语言能力，只能规定笼统的语言形象，所以每个语言的复杂语法都会通过后天的学习来掌握。但是，这应该通过怎样的机制才能做到呢？另外，在孩子智力能力充分发育之前，这样的事可能发生的吗？当然，人类的语言能力，在经过后天的学习后，提高也可能会是出乎意料的简单，这样的话，有必要更好地说明我们通常认为的相当复杂的语法和出乎意料的简单的语言学习之间的差距。

而在后者的想法中，所有语言都有先天共通的语法，但是具体来说，所有语言中通用的语法是什么语法呢？

世界上的语言是多种多样的，站在后者的角度上所设想的语言能力，与前者相比更加复杂，所以回忆起天生掌握的语法过程就是学习语言的过程，但对于智力能力还没有充分发展的孩子来说，我很怀疑能否处理这种复杂的语法。根据智力能力，即使在复杂的语法中回忆起更简单的部分，也有必要说明如何区分哪些是简单的部分。

无论如何，这都不是容易解决的问题。

06 什么是语言能力？

认知能力和自主能力

语言学旨在阐明人类的语言能力。每个人都拥有使用语言的能力，这种能力与其说是能够应对所有语言的能力，不如说是能够使用汉语、英语等特定语言的能力。因为，如果我们事先具备了能够应对所有语言的能力，那么，不管是什么语言，能够在瞬间学会也就不足为奇了。

世界上的语言种类是极其多样的，我们人类在面对语言的多样性时，是否具备应对所有语言的能力？

如何掌握每种语言所需要的认知能力就是我们所说的语言能力，那这也许确实是所有语言的共通之处。因为，任何语言都是以语音为最小单位，然后根据其不同组合，由语音排列构成单词表示某种概念，进而通过该单词的排列传递系统的内容，这种结构是共通的。

但是，世界上的语言在如何组合语音，如何排列组合成单词，以及如何将单词和概念结合在一起的问题上是不同的。如果考虑到我们在外语学习上的苦恼，就会明白掌握这种差异需要长时间的学习。

不过，无论世界上的哪一种语言，智力水平不高的幼儿在较短的时间内都能掌握其母语。因此，能够应对所有语言的能力是存在的，依靠经验选择适合其能力的几种语言，或许就能掌握这些语言，这种主张也许可以成立。

虽然，针对语言而言，只要做出几种选择就可以了，然而考虑到世界语言的多样性，必须决定的选择到底有多少呢？世界语言中所观察到的差异，并没有小到可以还原为多种选择的程度。应该这样说，语言能力只不过是规定语言基本结构的一个粗略概念，正因为如此，世界上的语言才会如此多样。

基于前者的想法，即使需要确定选择，作为语言能力，也会考虑近似于个别语言的语法。乔姆斯基提倡的生成语法也持相同观点，但是如果具体规定语法的项目，就不能对应各种各样的语言，所以设想的语法抽象度相当高。

小知识

生成语法：由美国语言学家乔姆斯基提倡，在20世纪下半叶得到广泛支持的语法理论。相对于客观地记述观察到的事实的经验主义立场，生成语法明确表示人类语言应有的形态，以阐明人类语言能力的全貌为目标的观点。

小知识

诺姆·乔姆斯基(1928—)：美国语言学家。他提倡变形语法及生成语法，引领了20世纪后半叶的句法理论研究。著作有《句法理论的若干问题》(1965)《支配和约束演讲集》(1981)等。他也是对以色列和美国的中东政策持批判态度的政治批评家。

例如，虽然句子由几个要素构成，但无论是哪种语言，在一次操作中只能结合两个要素，结合而形成的要素上再结合其他要素，通过依次重复合并操作来生成句子。

由于合并操作本身会合并任何要素，因此必须有一种排除不合格句子的机制，通过将该机制规定基于各种功能范畴和特征的一般原则，无论各个语言的表面差异如何，这一原则都适用于所有语言的语法。

这种研究的缺点是，假定的各种功能范畴和特性等抽象概念是极其难懂的，虽说包含这样抽象概念的语法通过确定选择而成为个别语言的语法，其根本意义也难以理解。

当然，也有人认为，语言学习是人们天生具备的能力，根本不用耗尽脑力去思考。但如果这样的话，我们对大脑作用的认识就变得很模糊，生成语法的主张是否正确，也就无法得到验证。

另外，如果这种研究是正确的，那么为什么我们必须如此努力地学习外语呢？天生具备包括处理抽象概念在内的高级能力，而且，与学习母语相比，知识水平应该也有所提高，照理应该更容易能确定想要学习的语言语法所需的选择。

小知识

母语的习得过程：虽然有个人差异，但通常会在出生后半年内发出“babubabu”这样的喃喃自语，在1岁时认识周围所说的词语，进入独词句、二词句的阶段，关于母语的习得与其他能力和概念的获得有何关联，有各种各样的争论。

或许，由于掌握了母语，选项的选择就会被固定下来，选择与母语不同的选项也许变得更难了。选择是凭直觉的，并不一定依赖于理性，长此下去可能对语言学习并不利。不管怎样，即使这种研究是正确的，也需要一个令人信服的解释。

另一方面，在后一种研究中，人类本来具有的认知能力中，掌握语言所必需的部分就是语言能力。认知语言学中发现，正因为以一般的认知能力为基础，简单易懂，与母语相比，外语更具有能直接说明学习困难的优势。相反，由于没有设想自主的语言能力，所以不能否认在分析语言现象方面存在不足之处。

另外，人类的认知能力不会有太大的差异，那么，为什么语言如此多样呢？归根结底，为了说明语言的多样性，即使生成语法没有想象的那么自主，也有必要设想某种程度上独立于一般认知能力的语言能力。

小知识

第二语言习得：第二语言的习得过程，在以母语为媒介这一点上，与母语的情况有很大的不同，而且，在很多情况下，不会熟练到与母语相同的程度。也有学者认为，一般来说，学习的时间越早，熟练度越高，过了临界期的 10 多岁以后，充分掌握第二语言就变得困难了。

专栏

掌管语言的基因

这在不久之前是无法想象的，但随着技术的迅速进步，人类的基因组信息也被破解了。如果能通过遗传基因解释各种各样的性状发现，那么语言能力或许也可以结合特定基因的存在来解释。

其中最引人注目的是名为 FOXP2 的基因。遗传上有语言障碍的家族，已知该遗传基因有损伤。因此，这个基因确实以某种方式与语言能力息息相关。

但是，即使这个遗传基因正常，也会出现语言障碍，而且最重要的是，这个遗传基因并不是人类独有。不仅仅是像黑猩猩这样的类人猿有，连老鼠也具有这种遗传基因。

小知识

莱纳德·布龙菲尔德（1887—1949）：美国语言学家。发展了美国结构主义语言学，培养了众多弟子。他认为语言的分析也必须科学验证，确立了严密的分析方法。因美国原住民的语言及阿尔贡金语系的研究闻名。代表作品是《语言》（1933）。

的确，老鼠、黑猩猩和人类，即使是有相同的遗传基因也多少有些差异，但是很难用差异来解释只有人类才会说话的理由。也就是说，这个遗传基因不仅掌控着人类，也掌控着在黑猩猩和老鼠身上所具有的发声器官。

说起来，我们人类在使用语言的时候，需要大脑、神经、发声器官、听觉器官等很多器官共同协作。如果一个基因掌管着这一切，风险就太大了。也就是说，要用一个遗传基因的作用来说明复杂的语言能力是不可能的。

02
“语言”的历史

由克罗马农人获得的语言

人类获得语言能力，究竟是多少年之前的事情呢?

回答这个问题之前，首先要决定用什么来称呼语言。人类的祖先在获得语言之前就已经拥有某种交流手段，如果把这种交流手段看作“语言”，那么，语言的起源就要追溯到很久以前。

以肢体语言为代表的语言交流手段和我们使用的语言之间的确存在相当大的差距，如果语言在获得之初就呈现出这样的复杂性，那么在交流中，实现这种飞跃的时候就是语言的获得时期。

小知识

肢体语言：人类不仅通过语言，还通过面部表情、姿势，与对方的物理距离以及身体动作来传达重要的信息。另外，手势和手语虽然也有共同点，但不同之处在于，手语的手部动作及其含义都是固定的。

但实际上，初期的语言有可能比我们现在使用的语言更简单，那样的话，要确定那个时期的语言就变得相当困难了。因此，一个在语言之前的交流手段出现了，该手段具备和语言不同的特征，那就是语言中声音的使用。在获得语言之前，人类虽然也能发出像黑猩猩等类人猿发出的声音，但是声音的种类有限，而且声音之间也不能很好地组合。另一方面，语言是由数十种声音组合而成的。因此，人类在获得语言之前，一定比类人猿发音更加阔泛。

某种程度上，我们能够从骨骼标本中推测出发声者是否能够自由地分开多个声音。例如，因为黑猩猩等动物从肺到喉咙的气道是倾斜的，所以从喉咙到嘴巴的调音空间非常狭窄，无法发出各种声音。然而，我们人类能够发出多种声音是由于从喉咙到嘴巴的空间很大，之所以能确保这样的空间是由于直立行走后，气道在垂直方向上，喉部随之下降。因此，判断语言获得时期的标准之一是语言使用者是否直立行走。

我们的复杂语言是传达复杂概念的最佳手段，如果大脑能够处理复杂的概念，语言也随之发展，那么语言的获得时期应该也与当时人类的脑容量之间存在关联。

毫无疑问，我们的直接祖先——所谓的“新人”已经具备了足以获得语言的生物学条件。

在“新人”出现的时候，地球上还存在着并非我们直接祖先的其他系统的人类，即“古人”。例如，在欧洲，新人克罗马农人和古人尼安德特人共存了一段时间。

问题是，尼安德特人是否也能使用语言，在这一点认知上研究人员的意见没有达成一致。虽然尼安德特人的额头向后倾斜，眉骨突出，与现代人类不同，但远看并没有太大的区别。另外，因为体格大，大脑容量也比现代人类更大。因此，即使尼安德特人会使用语言也并不奇怪。但是，人们认为其气道的形状与现代人类稍有不同，关于他们是否能流利地发音存在着争议。

可是，身体条件的完善虽然是语言获得的前提，但却并不是直接的要素。是否能够自由发音，并不一定与语言获得有关，语言的获得还需要一段时间。

当时的人类，注意到声音在传达中的有用性，并且通过将这个声音的组合与概念结合，创造出语言的雏形，这是距今约10万年前的事情。也有说法称，虽然当时尼安德特人也还存在，但能获得语言的只有克罗马农人，因此这导致了尼安德特人的衰落，但并没有确凿的证据。

猩猩和人类的口腔剖面图

另外，遗憾的是，目前还不知道什么促进了语言获得。此外，最初获得的语言和今天存在于地球上的语言之间的关系也尚不明确。也就是说，存在着这样的问题，究竟是 10 多万年前，生活在地球上某个地方的人类祖先获得语言，之后扩散到整个地球，成为所有的语言的来源呢，还是有一定的时间差，地球上各地都产生了语言的雏形，目前的语言有各自不同的语言来源?

如果是前者，从一个源头分离出来的话，世界的语言给人太过多样的印象，且由于语言雏形的实际情况不明，所以很难得到明确的答案。如果是后者，由于世界语言的起源本身就不是单一的，所以也有可能影响语言的普遍性，或者影响关于阐明人类语言能力的争论方向。

10 万年前获得的语言，在那之后很长一段时间里都没有被记录过，用文字书写只不过是距今数千年前的事情。这说明通过文字进行记录并不是语言的本质。

语言符号的任意性

人类是从黑猩猩、大猩猩等类人猿的同类中分离进化而来的。而且在进化过程中，只有人类获得了语言。

照此推理如果我们教人类的远亲黑猩猩使用语言，它们不就能掌握语言了吗？实际上，以京都大学灵长类研究所饲养的取名为“艾”的黑猩猩为例，在世界各地进行了很多实验，从实验中可以看出，黑猩猩在某种程度上确实也具有使用语言的能力。

黑猩猩从口腔到喉部的解剖学构造，决定了它们能发出的声音是有限的。因此，在教授黑猩猩语言的实验中，研究人员想办法用各种形状的板子和计算机画面上的图形等代替声音。

当然，在这种情况下，图形不是能使人联想到单词意思的形状。因为，在人类语言中，单词指向的对象（例如香蕉这种水果）和用来指向单词的语音（这种情况下发音是“banana”）之间没有必然的联系。

的确，在我们的头脑中，香蕉这种水果和“banana”这个发音有着密不可分的联系。但是，那只不过是学习了说同样语言的人之间约定俗成的结果,说同样语言的人只要达成共识，把香蕉称为“nubobo”也不会有任何障碍。

像这样，单词指向的对象和指向单词的语音的结合只是一种惯例，没有任何必然的理由，这就是语言符号的任意性。在日语中被称为“inu”（狗）的动物在其他语言中像“d□□□”（英语）、“hunt”（德语）、“ʃj□̃”（法语）一样，用不同的发音来表示，也是因为具有这种任意性。

因为具有任意性，关于单词所指向的一个个对象，我们有必要记住指向它的单词的发音。如果是自己的母语，就能轻而易举地做到，但在外语表达上并非如此简单。实际上，在学习外语的时候，因为记不住单词而感到吃力是因为语言符号具有任意性，所以如果只考虑背单词的事情，可以说没有任意性比较好。

那么，为什么语言符号具有任意性呢?

如果语言符号没有任意性那会怎样呢？没有任意性，意味着只要听到某个单词的发音，我们就能知道它指的是什么。

不同的动物之间语言符号也不同

不同的动物之间语言符号也不同

但是，如果指向的对象是能用语音表达的事物还好，例如，只要听就能联想到“樱花”的发音是怎样的，如果对象是抽象的概念，就更难以想起这样的发音了。

另外，如果发音和其指向的对象之间存在必然的联系，那么具有相似发音的单词指向相似对象的可能性较高，但如果发音过于相似，那么将会给单词之间的区分带来障碍。例如，如果“木”“林”“森”分别是“ki”“kiki”“kikiki”的发音，虽然记住很简单，但在实际会话中反而很难理解。正因为像“ki”“hayasi”“mori”这样发音明显不同，所以更容易联想到各个单词所指的对象。

也就是说，在匹配各种概念的单词时，没有任意性反而不方便，正因为有任意性，才能提供与之相对应的数量庞大的单词。人类的语言之所以优于其他动物的交流手段，是因为人类能够掌握多种多样的概念,使之成为可能的语言符号的任意性,这也是人类语言最重要的性质之一。

因此，如果黑猩猩能够学会人类的语言，那它首先就能够记住单词,而且该单词要与它所指示的对象任意地联系在一起。

以黑猩猩“艾”为例，在计算机屏幕上显示诸如方形、圆形、波浪形等简单的图形，并将它们组合起来作为单词。图形的组合和它所指示的对象之间没有任何必然的关系。

也就是说，为黑猩猩“艾”所准备的单词具有与我们人类语言相同的性质，“艾”能记住 100 多个这样的单词。当然，这是多年来不断教授的结果，与即使不进行指导也能在短时间内记住很多单词的人类儿童相比，只能说有能力上的差距。

然而，“艾”能记住的单词几乎都是指具体的物体，它很难学会表示抽象概念的单词。但是，即使是最基本的水平，黑猩猩也确实具备了能够使用与指示对象本来就没有任何关系的符号来指示该对象的能力。

人类儿童在这种能力上远远超过了黑猩猩。但是，成年后再学习语言的话，这种能力未必能充分发挥出来。我们还不太清楚这种情况的原因。

小知识

类人猿和语言：探索类人猿语言能力萌芽的研究，虽然盛行于 20 世纪下半叶，但由于是在实验者管理下的结果，所以很难判断其是否真的理解了概念和语言表达的联系。另外，语言的分层结构是任何类人猿都无法掌握的。

03 单词的构成——语音的作用

音链、特定概念

人类通过句子传达信息，而句子是由单词组成的。但是，被分成更精细的单位的不仅仅是句子。实际上，单词本身也是由更小的单位组成的。

人类语言中的单词分别指示某个事物，同时以固定的方式发音。这种发音是由连续发出的多个音构成的。例如，“香蕉”（注：日语香蕉的罗马发音为“banana”）的发音，从最初的“b”到最后的“a”连续发音。

此时，我们知道，从第一个“b”到最后一个“a”的整个连续发音指示“香蕉”，同时这个单词由“b”“a”“n”“a”“n”“a”

这六个较小的单位组成。当然，更小的单位，比如分解而成的“b”和“a”，就不能再指示“香蕉”了，也不再指别的什么，即人类的语言由多个单词构成，但该单词是由无意义的较小单位组合而成。

那么，这个结构有什么优点呢？虽然单词是由语音组合而成的，但并不意味着不记单词就可以。因为语音是没有意义的，而且语音的连续和它所表示的意思是任意结合的，所以不能根据语音来推测单词的意思，因此单词只能通过意思和形式（发音）的组合来记忆。

语音没有意义，意味着只要能发音，语音就可以相对自由地组合在一起，事实上，我们仅用几十种语音就可以创建数十万个单词。

并且，使用语音的数量和种类根据语言的不同而有差异，语音数量上在 20 ~ 35 个之间的语言很多。例如，虽然研究人员之间有一些不同的见解，但普遍认为日语有 23 个语音，英语稍微多一些，使用了 44 个语音。虽然语音的数量少并不代表语言的表现力就差，但从单词区别的角度来看，语音的数量在某种程度上多一些肯定是有利的。

利用这种语言差异机制的不仅仅是人类。一种叫白腰文的鸟，会通过组合几个短词组来发出不同的鸣叫声。在这种情况下，短词组本身并不表示特定的意思。因此，如果一个鸣叫声相当于人类语言中的单词的话，那么短词组则相当于构成单词的语音。

> **小知识**
>
> 动物的交流：例如，蜜蜂可以通过跳舞准确地将花蜜的位置传达给同伴。但是，对于动物来说，只能凭感觉感知，只能传达与该个体直接相关的即时信息。这说明它们没有获得作为语言根据的“概念”。

此外，世界各地进行的研究结果表明，黑猩猩和矮黑猩猩（侏儒黑猩猩）也具有将没有意义的语音小单位组合在一起，创造更大、更有意义的语音单位的能力。

> **小知识**
>
> 矮黑猩猩：在给类人猿教授人类语言的尝试中，经常与黑猩猩一起作为实验对象。虽然体型比黑猩猩小，但智商比黑猩猩高，而且善于双足行走，相互之间能和平共处，说明它们交际能力很强。

例如，为黑猩猩“艾”准备的单词是由方形、圆形或波浪形等图形组合而成的，每个组合都指示某种事物。但方形、圆形或波浪形本身与人类语言的语音一样，什么都不表示。而且，“艾”不仅能够识别组合图形，还能够将方形、圆形或波浪形等组合起来，再现这些图形。这表示它能够识别比单词更小的单位。

当然，黑猩猩“艾”可能还没有意识到，如果将比单词更小的单位——方形、圆形和波浪形用不同的方法组合在一起，就会产生新的单词。这是因为，将较小的单位组合成更大的单位，以及将特定意义连接到较大的单位，并不一定是联动的过程。

也就是说，用人类的语言来说，仅仅是将语音组合成大集合，简单地罗列出各种各样的语音，如果不与概念相结合，就不能成为单词。但是，就像在日语中“banaba”这个音链没有任何意义一样，并不是所有的音链都是单词，将特定概念与音链联系起来的过程是与制造音链完全不同的过程。

那么，我们人类的祖先把特定的概念与能够发音的各种声音的组合联系起来的想法是从何而来的呢？

的确，我们利用上述原理，现在也创造了更多的新单词，但那是因为作为模型的单词已经存在了才有可能，在还没有一个单词存在的时候，很遗憾，我们还不知道最初的单词是如何诞生的。而且，为了使用这样创造的单词来实现交流，该社会的所有成员都必须承认，音链和与音链任意连接的特定概念的组合是固定的。

这是因为，如果在“inu”这个音链上，某人用“狗”，某人用“猫”，把不同的概念联系在一起，就无法沟通了。但是，究竟是谁把“inu”的音链与“狗”的概念结合在一起的呢？而且，经过怎样的过程，“inu”这个音链和“狗”这个概念的结合得到了社会的认可，这些至今也是一个谜。

新词、语言接触、体系缺陷的补充

无论是我们现在使用的语言，还是 1000 年前使用的语言，虽然都是日语，但其内容却是不同的。实际上，就像我们阅读《源氏物语》原作并不容易一样，同样是日语，在 1000 年的岁月里发生了巨大的变化。语言作为交流的工具，如果作为工具的语言发生变化，交流就会出现障碍。

首先，语言会发生变化是事实，但变化通常是缓慢的。因此，应对这一变化，并不是那么困难。对于语言的变化，越年长的一代越有抵触的倾向，即便如此，语言也确实不会发生急剧变化，而影响到代际之间的交流。因此，可以说即使语言有所变化，但交流也不会受到阻碍。

话虽如此，从《源氏物语》的例子中不难看出，宝贵的文学作品因为日语的变化而变得难以阅读，这不是很可惜吗？虽说这些变化对交流没有影响，但如果语言不发生变化，就不会有这样的问题。然而，改变是无可奈何的事情，语言是一种习惯，既然是习惯，就不可避免地随着时代的变化而变化。

我们有时会使用语言来吸引对方的注意力。这时，如果只使用相同的表达，表达就会变得过时，表达效果就会逐渐丧失。因此，我们经常试图使用引人注目的新表达方式，这就是语言变化的一个契机。

这种措辞，特别是在年轻一代中表现得很突出，所谓的年轻人用语中“很、非常”“超、非”“真厉害”等表示强调的词语不断出现。另外，电视演员所使用的表现手法让人们跃跃欲试，瞬间成为流行语，这也是我们寻求新表达的表现。

当然，正如荣获流行语大奖的新词大多短命一样，并非所有新生的表达方式都能被社会所接受并扎根。但是，语言的使用者根据自己的意愿选择新的表达方式的行为，无疑是语言变化的契机之一。

当语言发生变化时，也不能忽视来自其他语言的影响。当多种语言在邻近地区使用时，由于不同语言的使用者相互往来，产生了被称为语言之间相互影响的语言接触的情况。在这种情况下，最容易受到影响的是词汇，比如，日语自古以来就与汉语关系密切，从汉语传入日语的词汇占日语词汇的一半以上。

在英语中，来自法语的单词也占据了词汇量的一半以上。在这种情况下，除了地理位置上两者相近外，也很大程度受到1066 年说法语的诺曼人征服英国的历史事件的影响。

受语言接触影响的不仅仅是词汇。事实上，从日语的情况来看，作为标记的汉字也是从汉语引进的，像“キャ”（注：罗马音为 kya）这样的拗音是受汉字发音的影响而在日语中固定下来的，因此日语在发音方面也受到了汉语很大的影响。

小知识

汉字发音：汉字不仅表示意思，也表示声音，但是意思很难改变，而声音却容易改变。汉字的音读被称为汉字发音，在日本，根据从中国传入的时期，同样的汉字读音也有吴音、汉音（奈良时代以后）、唐音（镰仓时代以后）三种。

另外，长期以来日本正式的文书都使用汉文，而近代，正式的文章则使用汉文训读风的文体，在文体方面汉语的影响也不小。

并且，从其他语言的影响来看，有时也会产生双向影响，但是像汉语和日语这样，更常见的情形是文化水平高的语言单方面影响文化水平低的语言。

那么，语言变化的原因，也有语言内在的原因。语言作为一个整体是一个体系，当某一部分发生变化时，其他部分也会随之发生变化。

另外，由于某种原因，如果体系本身有些许缺陷的话，为了弥补这个缺陷也会发生变化。例如，所谓“ら抜き言葉”（注：指一部分日语单词变形时省略假名“ら”的表达方式）的出现。五段活用动词有专用的动词表示可能，例如，“書く（注：写）”的可能态为“書ける（注：能写）”，在一段活用动词中，可能和被动以相同的形式表示，例如，“見る（注：看）”对应的“見られる（注：能看；被看）”既表示可能也表示被动。正是由于这样不均衡的存在而发生的变化，变化的结果，对于一段活用动词也成立了“見れる（注：能看）”这样的可能专用形式。由此，不均衡得到了消除，文意也变得明确，作为合理的变化迅速得到了人们的支持。

当然，如何把握这些变化是因人而异的，“ら抜き言葉”至今在官方的语法中仍然被认为是错误的，特别是年长者中，虽然有不少人回避，但语法的合理性是其语言的使用者自身决定的，所以既然有这么多的人实际使用，就已经很难说是错误了。

也就是说，从采纳多数意见的语言学的角度来说，“ら抜き言葉”已不再是是或非的问题，应该看作是半完结的变化。

孤立语、混合语

某一语言从何而来的问题，不仅受到专家的关注，也受到对语言感兴趣的普通人的广泛关注。现在地球上使用的语言，被认为是从源头语言逐渐分支而成的。那么，如果追溯现在使用的语言的历史，就会在某一阶段与关系相对较近的其他语言汇合，如果进一步追溯，就会与关系较远的语言汇合。

例如，追溯法语的历史，它与意大利语、西班牙语汇合到达源头的拉丁语。再往前追溯，就会与英语或德语的祖先语言、俄语的祖先语言，或希腊语等汇合。这种关系就像家谱一样，合为一门的语言在家谱上相当于亲戚，在语言学中称之为语系。

因此，英语、德语、法语、俄语、希腊语等都是亲属关系，其全体被称为印欧语系。同样是印欧语系的语言，也有关系相对近的语言和相对较远的语言，以法语为例，它与意大利语和西班牙语的关系较近，而与英语和德语的关系较远。

那么日语的情况又是怎样的呢，与日语关系近或关系远的语言是什么语言呢？

虽说追溯历史就会发现汇合的情形，但也不一定有能直接证明这一点的资料。在这种情况下，语言之间是否处于汇合（反过来说，同源分支）关系，只能根据语言的相似程度来判断。只不过，单凭是否相似这一点，标准还不够明确。

两种语言相似到何种程度，我们才可以说它们有可追溯的共同源头呢？在语言学中，我们通过比较各语言中语义大致相同的单词的音系来进行判断。比较的结果是，如果两者发音相同，则两者的关系相近。另外，即使两种语言的单词不相同，例如 /f/ 和 / p /，它们以相似的发音来对应，并且对应是有规律的，在这种情况下也可以说是相近的关系。

当然，也有可能是偶然的相似，所以在进行比较时，必须要尽可能地研究更多的单词。另外，更重要的是将借用语排除在比较对象之外，否则就会有人认为在日语中，因为从英语中借用的单词很多，所以日语和英语是有同源关系的。

梵语	希腊语	德语	英语
pád-	pód-	FuB	foot
pū-	pur	Feuer	fire
pitár-	patēr	Vater[fa:tər]	father

近缘语言的音韵对应表

可以看出,不仅是同样以“f”开头的德语和英语,还有与“f”规律地对应的以“p”开头的梵语(古代印度语言)、希腊语也是同一系统的语言。

那么,与某一语言关系密切的语言,往往是在地理位置上与该语言相近的地方使用。日语的情况也是一样,在寻找追溯共同语言的祖先时,从邻近的语言进行调查也是理所当然的。

说到邻近的语言,我们首先想到的是韩语。但是,即使在日语和韩语之间进行比较,也难以找到对应关系。日语和韩语虽然有意思和发音都很相似的单词,但那是日语和韩语分别从汉语借用的单词,所以不能作为两种语言关系相近的证明。

当两种语言的关系相近时,基础词汇,例如数词、表示身体部位的名词等一般难以被借用,因此多为对应关系。但是,日语中的数词和表示身体部位的名词与韩语中的这些词几乎没有对应。日语和韩语语法的确是相似的,从以往的历史关系来说即使认为日语和韩语有关系也不奇怪,但遗憾的是,在语言学上,日语和韩语不能说是相近的关系。

同样,如果对阿伊努语和台湾原住民的语言等邻近的诸语言进行调查，也找不到与日语有对应关系的语言。因此，日语被称为找不到相近语言的语言，即孤立语。

小知识

孤立语：日语、韩语、阿伊努语、比利牛斯山巴斯克语等与其他语言没有共同祖先的语言被称为孤立语，分布在像远东一样的地理边缘地区或周围孤立的地区。另外，术语“孤立语”也可以指没有形态变化的语言。

06 各种人造语言

以第二语言为目标的世界语

在奇幻、科幻等小说中，人类与外星人或异种生物邂逅的情况不少。那个时候，首先成为问题的是交流手段。对方使用的交流手段可能和人类的语言完全不同。在这种情况下，双方的交流是不可能的。因此，通常会设定外星人和异种生物说着与人类语言相近的语言。

在这种情况下，如果想具体展示外星人的语言，最简单的就是从地球上说的实际语言中，找出没有人知道的语言，将其塑造成外星人的语言。但也有人不满足于此，创造出一种虚构的语言。

在 3D 电影《阿凡达》中，制作人创造出了人形异种生物纳威人使用的纳威语。这是根据詹姆斯·卡梅隆导演的想法，由南加利福尼亚大学的语言学家保罗·弗洛莫创造的语言。这门语言不仅具备了一定程度的词汇量，还具备了与普通语言标准一致的语法。同样具有语言学素养的 J.R.R. 托尔金也在《指环王》中创造了精灵族使用的精灵语。

值得注意的是，无论是保罗·弗洛莫的纳威语，还是托尔金的精灵语，都不是从零开始创造的语言。例如，有人指出托尔金的精灵语与威尔士语和芬兰语类似，纳威语的语法是由世界各地语言中发现的特征构成的。

这意味着，任何人造语言只要被称为语言，就无法避免与现有语言的类似。因为，世界上的语言虽然具有多样性，但其变异仅限于一定范围内，因此，如果人造语言与现有语言完全没有共性，那就不能称之为语言了。

小知识

人造语言：以世界共同语为目标的人造语言中，还有世界语的变种伊多语（1907）和因特语（1951）等。为了便于非母语者使用，简化了现有语言的词汇和语法的基础英语（1930）也可以说是一种人造语言。

创造人造语言的目的不仅仅是为了给奇幻、科幻等小说赋予真实感。相反，人造语言是为了全人类的共同语言而开发的，其中最著名的应该是世界语。

小知识

世界语：波兰医生柴门霍夫在1887年发表的人造语言。没有一个国家把世界语作为官方语言。日本是世界语支持者众多的国家之一。除了宫泽贤治在作品中使用的地名以外，企业名、商品名中也有不少来自世界语。

世界语是19世纪末由波兰医生柴门霍夫创造的。世界语在词汇和语法方面也与现有语言，特别是法语、西班牙语等罗曼诸语有很多相似之处。另外，还有人指出其与德语、俄语以及柴门霍夫的母语波兰语之间的相似性。

在将世界语作为国际通用语（共同语）普及的过程中，世界语与现有的特定语言相似，这既是优点也是缺点。与现有语言相似可能会成为学习世界语的动机，而不是重新学习现有语言。但是反过来，如果学习的难度相同的话，人们也会产生这样的判断：与其学习作为国际语言的未来还是未知数的世界语，还不如学习已经获得一定国际通用性的语言。

另外，世界语与现有的欧洲语言相似的事实，使人想起在现实的国际交流中，英语和法语等欧洲语言横行无忌的现状。在非欧洲裔的人们之间，也有可能招致对国际通用语这一理念本身的疑虑和反对。但是，将世界语作为国际通用语普及的最大障碍，反而是其很难引起欧洲主流语言的使用者的关注。

主流语言的使用者，特别是英语的使用者，从英语实际上是国际通用语言的现状中获得了充分的利益，因此很难舍弃这种便利而去学习世界语。并且，以世界语为代表的人造语言受到了过于单纯或作为语言其深度不足的批评。事实上，世界语的历史只有一百多年，而且，现在几乎没有以世界语为母语的人。

从我们的经验中也可以看出，第二语言即使说得再流利也比不上母语的精准巧妙，另一方面，革新语言的力量只能从母语使用者中产生。

因不同语言的使用者之间交流的需要，而产生的混合语“皮钦语”是一种人造语言，想要让其发展成像样的混合语，前提是要有以此为母语的使用者。从这一点看，不得不说，现在几乎没有母语使用者的世界语还在发展中。

小知识

皮钦语：主要是在殖民地，当地人和贸易商人等为了沟通，自然形成的混合语。对任何人来说，皮钦语不是母语，而是第二语言。虽然词汇和语法都很简单，但又不同于蹩脚英语的片言只语。

当然，在广大地区共同使用的语言中，或多或少的简单化是不可避免的，这也是事实。现在英语已经成为国际通用语，越来越多的人使用英语作为第二语言，与母语者所说英语目标不同，作为纯粹交流手段的英语正在形成。

原本，世界语并不是要取代每个人的母语，而是为了成为人类共同使用的第二语言，因此，世界语并不复杂，这一特性也使其成为国际通用语。

专栏

诺斯特拉大语系

曾经在地球上存在一个巨大的大陆，叫作“泛大陆”。众所周知，这片大陆不久后就分裂了，经过长时间的漂移，形成了地球大陆现在的样子。

这是人类在地球上出现以前的故事，宏大的故事是否能唤起人们心中的浪漫情结呢？关于语言，也有一种说法是 1 万年前左右存在着覆盖广大地域的巨大语系，人们将其称为“诺斯特拉大语系”。

但是，关于那样久远的事情，我们什么都不知道，人类 10 万年前就获得了语言能力只是一个假说。

关于日语的起源也有很多大胆的说法，但大部分都是无稽之谈。虽然有人反驳说，在比较语言学上不能证明日语与其是同系，是因为距从共同的祖先分离出来年代久远，但如果那样的话一切都有可能了。当然，曾经因为意外的发现，比较语言学取得了很大的进步。原本不管是成为比较语言学诞生契机的梵语的发现，还是印度语言、梵语与欧洲语言有着共同的祖先的说法，对当时的人们来说都是令人难以置信的。

因此，虽然没有必要全盘否定宏大的故事，但如果不是单纯的话题，而是作为学问来思考的话，就需要谨慎对待。

03
从“语音”理解语言学

客位视角和主位视角

语言是由语音的组合构成的。从频率和放大后的频率成分——共振峰等物理性质来看，我们人类能够发出的声音，值是连续的，这就很难确定并且列出构成日语的音。

例如，测量日语“ア”（注：罗马音为a）这一元音发音时共振峰的值，其结果会因人而异。像这个例子这样，着眼于成为观察对象现象的表层差异而对其进行分类的视角被称为客位视角。但是，这个事实也表明，即使是一些物理性质不同的声音，在某个范围内的声音都可以被认为是“ア”。

在此，让我们来了解一下“アキ”（注：罗马音为aki）和“エ

キ”（注：罗马音为 eki）这两个单词的发音。这两个词是不同的单词，在发音上也应该有所区别。这样一来，即使某个范围的声音全部被识别为“ア”（注：罗马音为 a），其他范围的声音全部被识别为“エ”（注：罗马音为 e），如果各个声音的范围重叠，“アキ”和“エキ”就无法区分了。因此，有必要明确区分被识别为“ア”的声音和被识别为“エ”的声音，并且必须避免使用介于“ア”和“エ”之间的声音。

像这样，从根据发音来区分单词的观点来看，可以按照被识别为“ア”的一定范围的声音、被识别为“エ”的一定范围的声音、被识别为“イ”（注：罗马音为 i）的一定范围的声音等情况，制作需要区别的声音的列表。所列出的声音在物理上都允许一定的变异，但是属于各个范围的声音与属于其他范围的声音具有不同的语音特征。另一方面，虽说允许一定的变异，但这些声音之间的关系物理上也是不连续的，人类并不是把能发音的声音全部利用在语言上。若使用各声音的共振峰的值来图示这一点，则如下页所示。

我们在语言中使用的声音叫作语音，语音在物理上是不连续的，这与语言的特性密切相关。实际上，如果语音是连续的，我们就应该能非常准确地发出每个声音。

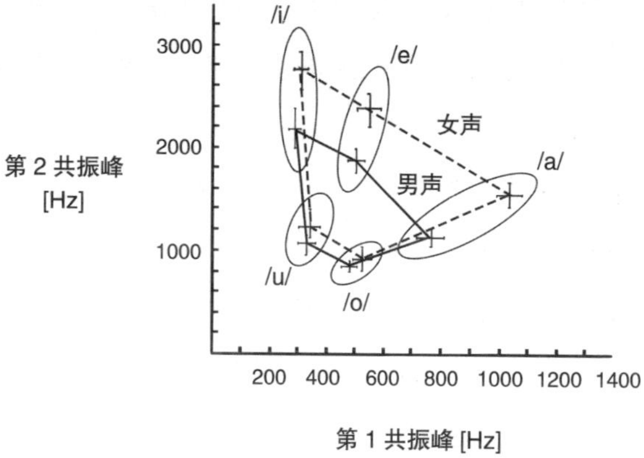

日语元音共振峰频率

与此相对，实际的语言，即使发音多少有些不正确，只要能区分语音就可以了。例如，轻声发音与正常发音在物理性质上有很大差异，但轻声也能区别出与正常发音完全相同的发音种类。

像这样，从区别的观点把握对象，忽略与区别无关的差异，着眼于对立项关系事物的看法被称为主位视角，从语音来讲，根据这样的观点所构成的对立项被称为音素。

小知识

音素：不同的音素实际发音肯定不同，但发音不同不一定是不同的音素。也就是说，对于一个音素，有时存在几种实际的发音。这些发音称为该音素的音位变体。

从这个角度来看，即使发音不同，也不一定被视为不同的音素。例如，虽然日语ラ行（注：日语五十音图里的 ra 行）辅音的发音因人及其在不同时间而异，但不管哪种发音都被视为ラ行辅音，因此，不管实际发音如何，都被视为同一个音素。所以，当我们说语言是由语音组合构成的情况下，更确切的说法是，语言由一定数量的音素构成。

人类可以发音的声音范围从器官形态上讲都没有太大的差异，但是想要发出自己语言中没有的发音，遇到困难的情况也不少，就像日语的母语者一般不擅长区分“l”和“r”一样，有时也会妨碍其母语以外的语言学习。

但是，语音的种类根据语言的不同有很大的差异。这可以通过音素是分散单位来很好地解释。也就是说，语音种类多的语言，即音素数量多的语言，各音素的物理性质接近。与此相对，语音种类少的语言，即音素数量少的语言，各音素的物理性质比较远。

例如，在韩语中区分大口的“e”和小口的“e”。和这些音物理性质相同的音，在日语中只有“e”。因此，与韩语相比，日语在同一领域的使用更宽松。另外，日语的ラ行辅音与 / r / 这个音素相对应，但是这个 / r / 音素的实质并不等同于英语的音素 / r /。究其原因，是因为英语中与 / r / 对应的音素有 / l /，而日语中却没有与 / l / 相对的音素。虽然日语音素的数量最少，但并不意味着表现力下降。

但是构成语言的单位中互相对立的不仅仅是音素。音素虽然是构成语言的最小单位，但由音素构成的更大单位——单词，也和音素一样，形成对立关系。

对近代语言学成立做出贡献的索绪尔认为，语言由单位构成，各单位由形成对立关系的多个要素构成的观点，可以说是近代语言学的根本原理。也就是说，语言被索绪尔定位为由区别产生的差异体系。

发音的社会评价

语言是由声音的组合构成的，实际上，即使是同一语言的同一声音，如果对实际发音的声音频率和持续时间等物理性质进行测量，其值也绝对不一样。也就是说，发音并不是唯一的绝对标准，只要不与其他发音混淆，就允许有一定程度的偏离。

但是，特别是在标准语的情况下，推崇“正确的”发音，偏离该发音的特殊口音不受欢迎也是事实。

那么，“正确的”发音是如何确定的呢？

用于书写语言的文字由政府等公共机构决定文字的字形、单词的拼写，并通过学校教育进行普及。虽然公共广播播音员的发音被视为标准，但是“正确的”发音不是由公共机构制定的。这与文字必须在学校等地方学习才能写出来，而发音不需要有意识地学习也能发出有关系。

但如果“正确的”发音不是事先规定的，那么只能根据实际发音来判断什么是“正确的”发音。也就是说，该语言的大多数说话者认为“正确的”发音就是“正确的”发音。

虽说如此，决定“正确的”发音并不是单纯的多数表决。在任何语言共同体中，每个社会定位不同的群体都使用不同的语言变种。这些语言变种在词汇、语法等各方面有所不同，发音也不例外。

例如，20 世纪中期，社会语言学家拉博夫在纽约市调查了因社会阶层差异导致的英语发音差异，他发现上流阶层发元音之后的 /r/，与其他阶层不同。在这种情况下，如果少数服从多数的原理发挥作用，其他阶层的发音会比人数少的上流阶层发音更“正确”，但实际上并非如此。因为，上流阶层使用的语言变种被认为是有权威的，因此发音也必须向上流阶层学习。

小知识

标准英式发音：在英国，大学毕业的上流社会出身的人的发音一直被认为是典范，这种发音被称为“标准英式发音”（Received Pronunciation）。但是，近年来 BBC 播音员的发音也不一定是标准英式发音，据说用这种发音说话的人在英国英语说话者中占 2% ~ 3%。

但是，并不是所有上流阶层以外的人都会模仿上流阶层的发音，因为这会被上流阶层认为与身份不相称的，也会被同一阶层的伙伴认为高高在上。也就是说，在中流阶层中，企图通过掌握“正确的”发音上升到上层的心情，会受到来自周围的如“不要向上流阶层阿谀奉承”之类的想法压制。阶层越低这种压力越强，在下流阶层中不如说“带口音”的发音更有价值，而对“正确的”发音则视而不见。因为“带口音”的发音恰恰象征着他们的团结。

当然，“正确的”发音不仅仅是在社会阶层之间成为问题。从标准语的发音来看，地域方言也是“带口音”的。

在日本的地域方言中，不消极评价自己方言发音的，只有京阪神等极少数地区的人。大多数情况下，说话者留恋家乡方言的发音，但同时也作出了“粗野”“严厉”“粗鲁”等消极的自我评价。不少人在非同乡的人面前，因说方言而感到羞愧，并对不能“正确”发音而感到自卑。

当然，对地域方言的自我评价也取决于其社会在多大程度上属于一极集中型社会。在地域分散型社会，地域方言被否定的情况很少。在日本，地域方言一极集中的倾向很强，因此，人们对“正确”发音的憧憬也越来越强烈。

日本人的“正确”发音意向不仅仅局限于日语，也体现在学习英语等外语时对发音的讲究。当然，学习英语时，如果能够接近母语者的“正确”发音，那是再好不过的事情，但现在英语是国际语言，作为国际语言的英语发音不一定要和母语者的发音一样。

例如，印度人说的英语如果按照英语的“正确”发音，只能说是带有口音，但这并不能因此否定印度人说的英语。实际上，印度人并不在意“带有口音”的发音。重要的不是发音，而是要用英语交流。

另外，“正确”的发音根据时代而不同。现在的日本，如果把“先生”读成“しぇんしぇい”（注：日语“先生”一词的一种读音），就会被认为是带有口音的，但在历史上，“しぇんしぇい”的发音反而是都市风格，“せんせい”（注：日语“先生”一词的一种读音）的发音则是粗野的乡村风格。

此外，ガ行的鼻浊音曾经是播音员必须会的发音，是值得推崇的“正确”发音，但随着不会发这个音的人不断增多，反而被评价为是过于土气的发音。

小知识

鼻浊音：元音间的“g”在发音时，由于呼气通过鼻子，所以称为鼻浊音。用发音符号书写时，是“ŋ”，与“g”不同，但即使将“ŋ”发音成“g”，也不会变成其他单词，可以认为是相同音素的音位变体。因此，表示鼻浊音的假名也不存在。

当“正确的”发音发生变化时，老一辈会觉得下一代的发音很混乱，下一代会觉得老一辈的发音过时。日语中没有“ディ”（注：日语特殊拗音，读作 /di：/）这个音，Disney 应该是“デズニー”（注：“迪士尼”的日语音译），不过，对

于习惯了外来语的年轻一代来说，接近原音的“ディズニー”（注：“迪士尼”的日语音译）更容易接受。这样，“ディ”就被纳入“正确的”发音中。

03 『妈妈』曾经是『papa』——追溯语言的历史

了解过去发音的线索

两千年前的日语和现在的日语不一样。但是，如果要说有什么不同的话，因为没有留下记录那个时代的日语的文章，所以没有直接的线索。

从世界范围来看，一千五百年前保留下来的日语资料还算好，即使在欧洲，芬兰语也只留下了 16 世纪以后的资料，曾是欧美殖民地地区的语言大多在 20 世纪之前没有文字资料。

那么，如果没有文字资料，就不能了解过去语言的实际情况吗？

即使是没有留下资料的语言，如果是实际使用过的语言，那么有人想把这种语言当作外语来学习也就不足为奇了。就像过去初学英语的日本人想用片假名来表示英语的发音一样，如果那个学习者留下什么笔记的话，就会成为了解当时语言实际情况的线索。

这些资料有可能抓住了母语者不会在意的特征，即使在存在其他文字资料的情况下也有可能起作用。例如，从室町时代到安土桃山时代，到日本传教的传教士们留下的资料，为了解当时日语的实际情况提供了有力的线索。在这些天主教文献中，ハ行（注：日语五十音图里的 ha 行）辅音用 f 表示，由此可见，当时日语的ハ行辅音和现在日语的フ（注：罗马音为 hu）的辅音一样，发音时嘴唇靠近，听起来像ファ（注：罗马音为 fa）一样。

另外，从方言中获得的数据有时也对了解语言的过去有用。因为，在语言变化的过程中，语言发生的变异从中心地向周边波纹般扩散，新旧交替逐渐进行的话，离中心地越远的地区，越有可能残留着古老的语言。

在日语中，最远离中心方言的是琉球列岛的方言，实际上，古代说的纯粹的琉球方言和本土的方言有着无法相互理解的距离。但是在琉球列岛的方言中，ハ行辅音是用 /p/ 来发音的，因此可以推测出，ハ行辅音是从嘴唇靠近发音的时代再追溯到 /p/ 发音的。当然，实际的方言分布并不像描绘波纹那样简单，也有可能只是周围的方言发生了独特的变化，但这无疑是一个重要的线索。

小知识

方言周圈论：方言中“蜗牛”的称呼以近畿地区为中心呈同心圆状分布，越古老的形式越存在于周边地区，这是民俗学家柳田国男在《蜗牛考》(1930)中提出的假说。但是，方言的各种形式的分布并不能全部用这个假说来说明。

那么，如上所述，即使在没有留下文字资料的情况下，也确实存在能够得到某种线索的情况。话虽如此，留下资料的语言和没有留下资料的语言在可追溯过去的范围上有着很大的差异。将具有相同祖先的语言进行比较，试图追溯到这些语言的更古老阶段的比较语言学，在资料丰富的印欧语系中也取得了很大的成果。对于其他语系来说，由于资料太少，其成果也比较有限，如果今后没有发现新的资料，研究就很难取得进展。

相反，在追溯语言历史的过程中，即使留有资料，也不能高枕无忧。因为那些资料未必正确地反映了当时的语言状况。现在的日语中也有书面语和口语之分，就像所谓的“ら抜き言葉”在书面语中并不像在口语中那样出现，用文字书写的资料有时也不反映口语。

另外，以前会写文字的人很少，因此从这个意义上讲，可以认为遗留下来的资料是当时语言一个相当偏颇的样本。如果留下资料的人是规范意识高的人，资料就比当时语言的实际情况更能体现规范，因此很难知道当时语言中发生的变化和变异。

但是，如果用文字书写的资料容易反映规范，那么反过来这些资料，就有可能成为了解该资料所处时代之前的时代语言状况的线索。因为一个时代的语言规范反映了那个时代之前的语言状况。另外，由于记录的一贯性，一旦决定了的标记法很难变更，所以有时实际的发音和拼写会产生偏差，不过，在确定标记的时候，有可能成为了解发音的线索。

实际上，现在的英语像“moon/mu：n/”一样，拼写和发音有很大的差异，但是拼写反映了中世纪以前的实际发音。

小知识

五十音图：众所周知的五十音图诞生于室町时代，在说明日语的音韵和用言活用方面非常有用，但并非日本独有。行的排列反映了辅音的发音部位等，受到印度悉昙学和中国音韵学的影响。

04 英语早期教育有效吗？

第二语言习得

近年来，随着国际化的发展，英语学习的热情不断高涨，其中围绕幼儿英语早期教育的争论更是甚嚣尘上。有人说从初中开始学英语就有点晚了，所以从小学开始就把英语作为必修科目来学习，但也有人说还是太晚了。在幼儿园也盛行英语教育，也有孩子在上幼儿园之前就开始学习英语了。

那么，英语教育越早开始效果越好吗？

这里重要的是那个孩子是否已经学会了日语，在学习日语之前，在随时都能听到英语的环境中长大的孩子，是日语和英语的双语者。但是，一旦学会了日语，即使在同样的环境中成长，也不能成为完全的双语者。

小知识

双语者：指在经常使用两种语言的环境中成长，两种语言都能像母语一样交流的人。但是，即使在同样的环境中成长，也有语言能力达不到母语水平的情况。另外，即使日常对话达到母语水平，但抽象思维只能用一种语言进行。

这是因为一旦学会了一个词，这个词的知识就会妨碍学习英语。母语学习和外语（第二语言）学习的最大区别在于后者是通过母语进行学习的，在这种情况下，母语干涉是不可避免的。因此，在外语学习中引入了不使用媒介语言而只使用目标语言的学习法。

话虽如此，在年幼的时候，由于母语能力还没有确立，所以完全可以不借助母语直接吸收英语，从这个意义上说，可以说时间越早，对学习英语越有效果。

另外，作为早期教育的优点，经常被指出的是发音、听力方面的效果。

日本人不擅长区分“r”和“l”的发音，并不是出生的时候就这样的。由于在日语中不需要区分“r”和“l”，所以区分这两者的发音这种能力通常会退化。

同样，人们在出生之初具有能发出所有语音的潜在能力，渐渐地，就发不出母语中没有的发音了。当然，因为是我们潜在的能力，使其恢复也不是不可能，但是不管是发音还是听力，大部分都是感觉性的，所以矫正起来并不容易。因此，在完全掌握母语的发音和听力习惯之前，熟悉英语的发音和听力确实是有效果的。

需要注意的是，想要早期教育取得效果，前提是要具备能够经常听到英语的环境，而且我们还需要留意到，根据教授方法的不同，可能会产生相反的效果。比起早期的“教育”，和说英语的孩子一起玩耍更有效，如果只是偶尔让孩子听英语教材，几乎不会有什么效果。

那么，在幼儿园和初中学到的英语有什么不同呢？

在幼儿园阶段，母语的能力，包括发音和听力的习惯已经逐渐确立，所以英语已经不再是可以自然吸收的对象了。话虽如此，想要通过作为母语的日语学习英语，如果母语的能力不够，从这个意义上来说，教育效果也很难提高。也就是说，通过母语学习外语时，必须要充分理解母语，因此，在以往的学校教育中，英语必须在成为初中生后才学习。

在母语的理解度提高后，再开始进行英语教育的传统方式，在掌握语法方面发挥了作用。另一方面，不能否认的是，过分拘泥于语法的完美性，导致了在实际使用英语时犹豫不决的倾向。因此，如果通过幼儿园或小学阶段的英语教育，使孩子们积极使用英语，可以说就会有一定的效果。

目前，我们还没有掌握将努力学到的英语在教育中积极活用的诀窍，只是停留在熟悉英语的程度。另外，如果初中的英语教育还是原来的模式，即使幼儿园和小学阶段的英语教育有成效，效果也会减半。

在反对早期教育的意见中，有即使教孩子英语，孩子也没有应该用英语表达的内容的意见。但是，母语的情况也是一样的，不管是日语还是英语，幼儿园孩子说的内容都很简单。

问题是，在幼儿园和小学学习的初级日常会话和中学以后的英语教育中所涉及的非日常性的高级内容之间存在脱节，像孩子随着成长用日语可以说出高级的内容一样，如果在英语方面也能实现的话，那么早期教育的效果会比现在更有效。因此，通过辩论等掌握说话的技巧是很重要的。

日本人不仅讲究语法，而且也讲究正确的发音。当然，这是好事，实际上，日语带有口音的发音让对方听不懂的情况也不少。

在英语逐渐成为国际语言的今天，世界上有很多人虽然比日本人的发音差，但也毫不畏惧地积极地说着英语。即使发音再好，语法再正确，如果在别人说十句话的时候你只能说一句，那就不能成为交流的主角。在交流中最重要的是向对方传达自己想法的意愿和气势，培养这样的心态也是今后英语教育的重大课题之一。

小知识

世界上最难的语言：与母语相似类型的语言比较容易理解，因此不能一概而论，但作为外语学习，不能否认的是，越是词形变化多且缺乏规律性的语言，学习起来就越困难。但是，作为母语来学习的话，不管是哪种语言都不会有太大的差异。

专栏

咂舌音也是声音

我们在说话的时候并没有停止呼吸是不言而喻的，而且我们不能中途不喘口气就一直说下去。这是因为语音利用了呼气时的空气流动。

也就是说，在说话的过程中，气是不断地呼出的，如果吸一口气的话就会喘不过气来。实际试一试就知道了，一边吸气一边说话也不是不可能的。但是，不能持续很长时间，而且听起来也很难听。因此，在大部分语言中没有利用吸气时的发音。

当然，世界上有各种各样不同的语言。例如，芬兰语“Voi Voi”（注：哎呀），就是女性常常一边吸气一边发音的。

我们用嘴发出的声音中，还有其他各种各样的声音。咂舌时候的“切”一声就是其中之一，咂舌只是表示不快，单词的发音中一般不会有咂舌的声音。尽管如此，也没有理由不将这种发音纳入单词的发音中，实际上，在非洲的科伊桑语系的语言中，使用了很多诸如咂舌之类的发音。因此，这些语言听起来咂舌音很频繁，但并不是在生气。

像这样，语音既有任何语言都能看到的常见声音，也有很少使用的声音。

04
从“单词”看语言学

01 单词的构成——要素的结合

词素

任何语言都有单词。虽然这是理所当然的，但如果想从语言学角度来定义单词，还是相当困难的。可以肯定的是，每个单词都代表了一个概念，那么“見る”（注：看）和“見た”（注：日语“見る”的过去式）是相同的单词吗？在表示相同行为这一点上可以说是相同的单词，在表示时间是现在和过去，也可以说是不同的单词。

因为还没有明确的单词定义，所以单词的存在绝对不是不言自明的。

如果是英语文章，单词和单词之间会出现空白，所以可以立刻知道文章中包含了多少单词。但如果只以空白为基准，那么I am（注：我是）是2个词，而I’m是1个词。

像日语这种原本就没有分写习惯的语言，该怎么计算单词的数量呢？例如，“先生が生徒を褒めた”（注：老师表扬了学生）这个表达方式到底是由几个单词组成的呢？如果把这个句子改为英语，就会变成“The teacher praised the pupil”，但是英语中有日语中没有的冠词，所以即使英语是5个单词，也不能说日语和英语是一样的。

首先，“褒めた”（注：表扬了）可以说是一个单词吗？这里，如果考虑“生徒が先生に褒められた”（注：学生被老师表扬了）的表达方式，对应的英语是“The pupil was praised by the teacher”，因此，“was praised”对应“褒められた”（注：被表扬了）。如果因为英语是2个词，就想把“褒められた”分成2个词，那么在哪里分隔是个问题，有可能会分成“褒め－た”（注：表扬了）和“られ”（注：被）这种奇怪的形式。但是，如果“褒められた”是一个词，“褒めた”也应该是一个词，那么，“褒めた”和“褒められた”的关系就会成为问题。还是说应该把“褒めた”分为“褒め”（注：表扬）和“た”（注：日语中表示过去的时态，在这里表示“了”），把“褒められた”分为“褒め”“られ”和“た”呢？

同样，“先生が”（注：老师）也可能分为“先生”和“が”两个词。整体上也可以认为是一个词。同理，“生徒を”（注：学生）也是一样的。

如果母语是日语的人，马上就能明白“先生が生徒を褒めた”（注：老师表扬了学生）这一表达是由“先生”（注：老师）“が”（注：日语中提示主语的助词）“生徒”（注：学生）“を”（注：日语中提示宾语的助词）“褒め”“た”这6个要素构成的。因为，每部分各自都表示独自的意思。

但即便如此，也不能简单地断言该句子是由6个单词组成的。因为，“先生”“生徒”“褒め”所表示的意思和“が”“を”“た”所表示的意思明显不同，如果把后者当作前者的附属要素，那么也有可能解释为三个词。

当然，如果单词定义正确的话，就没有必要烦恼了。但实际上，将表示附属意义的要素视为其他单词的一部分还是视为独立的单词，这一标准并不明确。关于“先生が生徒を褒めた”是由几个词组成的问题，研究人员之间的意见也不一致。既有研究人员认为是3个词，也有研究人员认为是6个词，还有研究人员认为“が”和“を”是独立的词，并且认为“た”是“褒めた”的一部分。笔者也较认同这种想法，但对把“が”和“を”这样的格助词当作独立的词来使用的观点存有疑虑。

总之，在很难对单词进行严格定义的情况下，语言理论难以立足于单词这一概念。因此语言学中，在考虑单词水平的语言结构时使用了词素这一概念。

所谓词素是构成语言单位中具有意义的最小单位，在上述例子中，“先生”“が”“生徒”“を”“褒め”“た”分别是词素。关于这个表达由6个词素构成这一点，任何研究人员都没有异议。并且，在“The teacher praised the pupil”这个句子中，“praised”由“praise”和“ed”组成，“teacher”由“teach”和“er”这两个词素组成，因此总共由7个词素组成。

小知识

词素：词素表示意思，尽管表示相同的意思，但有时也使用不同的形式。例如，“雨上がり”中的“あめ（雨）”和“雨水”中的“あま（雨）”明显表示相同含义但形式不同。在这种情况下，“あめ”和“あま”是同一词素的不同形式。

前面提到了构成语言的最小单位是音素。词素是由音素构成的，所以在单位大小方面不是最小的。但是，由于音素本身并不表示意义，所以作为具有意义的单位，词素是最小的。

词素，有如“褒め”和“た”一样紧密结合的，也有像“先生”和“が”一样，松散结合的。它们都形成了更大的整体，最终这种整体进一步结合，句子就成立了。

也就是说，语言具有层次结构，例如音素层次、词素层次和较大单位层次。然而，需要注意的是，每个层次是由词素等相同级别的要素结合而成的。此外，各层次要素构成体系，即一种集合，每个要素的含义和功能必须参照集合内的其他要素才能确定。因此，为了详细了解语言的结构，有必要在每个层次上明确其性质。

小知识

体系：在语言的层次结构的各阶段中，以音素和音素、词素和词素这样的方式，相同层次的要素构成的结构被称为体系。由于音素和词素也有各种各样的种类，所以也有由更少的要素构成低级的体系。

因此，语言学是由不同层级的理论构成的。即研究音素的种类和性质等音素层级的音韵学，研究词素（以及常识性意义上的单词）的种类和结构、性质等词素（或单词）层级的形态学，以及研究句子的种类和结构、性质等句子层级的句法学。

语法规则、词汇信息

语言学旨在阐明语言的语法。但是，如果只知道语法，也不可能使用任何语言。因为语言虽然传达了某种意义，但大部分意义是由单词来承担的，如果不知道单词，语法知识就没有用处。也就是说，会说语言意味着同时具备该语言的语法知识和单词知识。

小知识

语法：与在学校学习的语法和外语学习中所说的语法不同，语言学中的语法指的是人类的语言能力整体，包括如何说出在头脑中形成的句子，以及如何解释用耳朵听到、用眼睛读到的句子的意思。

例如英语的动词，是只涉及主语的不及物动词，还是涉及主语和宾语的及物动词，或者是与前置词句搭配的动词；另外，在形态上是规则动词还是不规则动词，能否在进行时的情况下使用，这些信息必须以某种形式储存在大脑中。

在这些信息中，如果是规则动词，过去时、过去分词就要后接 -ed，除了这种高度规则的信息之外，我们基本上还需要记住每个单词的其他个体信息。而且，这些信息是在学习过程中逐渐掌握的，不一定是系统掌握的知识。也就是说，本来必要的信息未必都被储存起来，我们所掌握的单词知识，可以说就像一本满是虫眼的词典。

因为是以这样的不完整的信息为依据的，所以在实际的口语运用中单词的使用出错也是理所当然的。如果将此与用于机器翻译的计算机上搭载的词典进行比较的话，无论是信息量，还是系统地收集信息以及处理信息的速度方面，人类头脑中的词典只能说处于劣势。

虽说大脑中储存的信息就像词典一样，但我们不会像一般的词典那样按照五十音顺序或字母顺序排列单词。我们可以认为，相关单词之间会形成网状，从而帮助人们从一个单词联想到另一个单词。

总之，即使是不完整和非系统的信息，也不会给实际的交流带来障碍，所以存储在大脑中的单词信息一定是以某种不同于计算机上的词典的方法来巧妙处理的。当然，大脑内是如何处理语法规则还不是很清楚，要弄清楚这些问题还需要一段时间。

那么，在要记述某一现象时，是使用语法规则来记述，还是根据词汇信息来记述，有时会成为问题。实际上，任何语法理论都包含研究语法规则的句法部分和研究单词信息的词汇部分，但这两部分的界限根据理论的不同而不同，这意味着，同样的现象在某一理论中属于句法部分，在另一理论中属于词汇部分。例如，在描述英语的主动语态和被动语态的关系时，就像在中学学习那样，如果认为是通过替换主动语态的主语和宾语，改变动词的形式，在原来的主语前面加上 by 的方法形成了被动语态，那么这种观点是根据语法规则描述两者的关系。

相反，如果认为被动语态并不是由主动语态变化而来的，而是主动语态谓语中带有ed的句子是被动语态谓语的一部分，两者是以这样的关系结合在一起的。这种观点是通过词汇层级的信息来描述的。不能简单地说哪种观点更好。

一般来说，语法规则在直接描述某一现象方面具有优势，但在特定现象的特殊情况方面，其适用范围会受到限制。另外，从主动语态到被动语态的语法规则也有可能因语言不同而不同，实际上，日语用自动词也能造出被动句，这就不能直接套用英语的规则。

另一方面，词汇层级信息的记述同样适用于英语的 paint（注：涂，抹）和（be）painted（注：paint 的过去式）及日语的“塗る”（注：涂，抹）和“塗られる”（注：塗る的过去式，被涂抹）。但是，由于其具有广泛的普遍性，只是阐述了一般的关系，仅凭这一点未必能够进行充分的记述。被动语态的谓语的确与主动语态的谓语有规律地对应，但被动句形成的过程需要另外说明。

在权威的语法理论之一的生成语法中，语言能力被认为是天生的。但是，实际上我们所讲的语言是多种多样的，因此与生俱来的语言能力必须同时适用于各种语言。也就是说，这种能力必须能够由普遍性较强的信息来记述。另一方面，语言能力即使一部分是天生的，但如果出生后通过学习掌握的能力对于语言学习来说也很重要的话，那么在这种情况下的语言能力只要与各自掌握的母语对应即可，也可以包含更特殊的语法规则。

这样，在语法中是更重视语法规则还是更重视词汇信息，这与语言能力的先天性有着密切的关系。

小知识

心理词典：这是基于联想关系的单词多重结构，不仅仅是一个单词列表。可以说正因为有了这个结构，才会在一时想不起来单词时产生有什么想不起来的感觉。另外，可以认为多种语言的心理词典基本上是独立的。

03 新单词的构成方式

派生词、复合词

语言在一点点地变化，但最容易变化的是词汇。虽然发音、词形、语法规则不会轻易变化，但词汇会产生新的单词，在将其编入词汇的同时，不再使用的单词就被淘汰，这样的事情经常会发生。

但是，单词是表示意思的，如果频繁更替单词，会不会影响意思的传达呢？这里需要注意的是，中心词汇很少更替。另外，在单词更替的情况下，像“衣文掛け”（注：衣服架）和“ハンガー”（注：衣服架）一样，旧单词和新单词在某一期间并用的情况较多，因此很少发生沟通出现障碍的情况。

话虽如此，为什么要特意用新单词代替旧单词呢？

原因之一在于单词会过时。在单词中，有不仅仅是单纯地传达意思的单词，它还会在听到该单词的听者心中唤起某种想象。但是，如果这个词失去了新鲜感，就无法唤起人们的想象。于是，产生了能够唤起更鲜明想象的新单词，取代了旧单词。

这种交替特别容易发生在口语中。例如，代替“本気”（注：认真、真实）登场的“マジ”（注：认真、真实），很快就被“ガチ”（注：认真）所取代。不过，在口语中，新的表达方式过时得也很快。

当然，出现新单词或不再使用旧单词的原因并不只是过时。随着社会的变化，单词所指代的事物本身消失的话，指代事物的单词也就不再使用了，相反，随着新事物的出现，如果现有的单词不能指向它，就会出现新的单词。

那么，新单词是如何构成的呢？

语言符号具有任意性，单词的形式和其所表示的意思之间没有必然的联系，因此，出现新单词时，某事物也可以用适当的音链来表示。当然，声音虽然不表示意义，但能唤起某种想象，所以即使是适当的声音，也不一定是随机选择的。有时要根据表现事物的形象来选择声音，例如，为了表现柔和的形象使用ハ行的声音。

另外，当某一事物来自其他社会时，代表该事物的单词也经常与该事物一起传入。在这种情况下，该单词是来自其他语言的借用语，即所谓的外来语。

小知识

语音象征：本来，语音是没有意义的，但是元音 i 是尖锐的，元音 u 是柔和的，像这样，特定的声音会唤起特定的想象。这样的想象，除了对拟声词和拟态词的声音构成产生影响之外，还被用在商品等的命名上。

更普遍的是以这种语言为基础，结合原有的词素和单词产生新单词的方法。通过该方法产生的单词，词素的组合称为派生词，单词的组合称为合成词。

虽然派生词和合成词的意思不是构成它们要素意思的简单总和，也就是说，派生词和合成词与原来的单词在形态和意义上都有关系，因此能够从已有的要素中有逻辑地创造出新的单词。

但是，合成词的造词难度因语言而异，例如，“超音速客机”在德语中为合成词“Überschallverkehrsflugzeug”，但在法语中为非合成词“avion de ligne supersonque”。日语中，汉语词和外来语可以是多个连接组成长合成词，但是可以连接的和语数量有限。

小知识

和语：来自汉语的借用语，即音读汉语词传入日本之前就存在于日语中的单词被称为和语。虽然在词汇数量上音读汉语词更多，但基础词汇多为和语。和语具有不以ラ行音开头以及很少以浊音、半浊音开头的特征。

通过各种方法产生的新单词逐渐渗透，成为构成词汇的要素。但是，并不是所有的新词都是这样的，其中也有很快就被废除的新词。另外，在新词中，也有原本不想在大范围内被使用，而只在特定的群体内使用的新词，以及在特定的业界使用的行话、俚语、年轻人用语等。

近年来，随着网络交流的发展，颜文字、图形文字等符号的广泛使用，用文字书写口语的这种语言形式也逐渐形成。以所谓的 2CH 用语（注：在日本论坛 2CH 使用的网络用语）和推特用语为代表的网络用语，虽然有着不同于口语和书面语的独特性质，在词汇方面使用假借字等，以独特的方法制作单词，其特征在于单词更替频繁。

对于新词的接受方式因人而异，一般来说，年长一代对新词的接受表现出抵抗的情况不少。以前新词的产生，要经过相当长的时间才得以传播和普及。新词在多数情况下产生在文化中心地，离中心地越远，传播和普及就越花时间，所以单词的使用情况，从中心地向周边，呈现出同心圆状的不同面貌。

今天，电视媒体及各种发达的通信手段，让新词传播和普及所需的时间变短了。不管怎样，各个单词的分布情况在语言共同体内并不是一样的，而是根据地区、代际等各种因素而不同。尽管如此，交流之所以没有障碍，是因为核心部分大体上保持着共通。

外来语、借用语、片假名词语、新汉语

不管是什么语言，并不是所有的单词从一开始就存在。然而，在语言中加入新单词的时候，它并不一定是新产生的单词。有的时候也经常借用原本存在于其他语言中的单词，只要不是在与其他语言隔绝的环境中使用的语言，任何语言都或多或少地具有这样的外来语。

外来语也叫借用语。近年来，日语从英语中借用了大量的词汇，造成片假名词汇泛滥的问题。如果追根溯源，早在飞鸟时代就有从汉语引入大量词汇的历史，日语词汇中，汉语词汇的借用语所占的比例超过了 50%。

小知识

借用语：为了表示未知的概念，从其他语言中借用表示该概念的单词会比较容易，但在已知概念的情况下，为了新颖也会借用单词。另一方面，在引入未知概念时，有时也用固有的词汇来表示，这称为翻译借用。

在引入新概念或事物时，单词被借用为其命名。因此，借用语往往借用自更先进的社会语言。古代的日本和中国的关系就是典型的例子，现在全世界的语言都从英语借用单词，然而在 1066 年被法国诺曼底地区的诺曼人征服的英格兰比法国落后，因此英语从诺曼人说的法语中引入了大量的单词。所以，在英语词汇中，法语或通过法语输入的拉丁语、希腊语单词所占的比率也超过了 50%。

当然，被借用到其他语言的单词中，也有不少表示异国事物的单词。英语的“kangaroo（袋鼠）”是在澳大利亚大陆第一次看到袋鼠的白人从原住民的语言中借用来代表这种动物的单词。英语中借用的日语单词，过去也多是“艺伎”“切腹”等这种单词。

从日语中借用的单词来看，有不少单词与表示的事物或者概念一起，从远方的世界传来。“アルコール”（注：酒精）、“アルカリ”（注：碱）、“コーヒー”（注：咖啡）等词来源于阿拉伯语，但并不是直接从阿拉伯语进入日语，而是先进入荷兰语，再从荷兰语引入日语。

另外，在日语中，虽然约定近代以后的借用语是用片假名来标记的，但其中也有用汉字或平假名来标记的。从葡萄牙语传入的“たばこ”（烟草）、“てんぷら”（天妇罗）、“こんぺいとう”(金平糖)、“かっぱ”（雨衣），从荷兰语传入的“ぽん酢”（“酢”是假借字）、“かん”（缶），从俄语传入的“いくら”（鲑鱼卵），从柬埔寨语经葡萄牙语传入的“きせる”（烟管）等就是典型的例子。

对于大多数人来说，很难意识到这些单词是借用语。

另一方面，古代借用并用汉字书写的借用语，也并非都是来自汉语的借用语。例如，“寺”和“塔”等词语，是通过佛教从古印度的梵语借用的单词，“瓦”“奈落”和“旦那”等看似与佛教无关的词汇中，也有来自梵语的词汇。

在引入借用语时，只要被借方语言和借方语言的音韵体系不相同，其发音或多或少都可以改变成借方语言中容易发音的音系。

葡萄牙语	パン（面包），カステラ（蜂蜜蛋糕），ボーロ（圆松饼），バッテラ（方形寿司），テンプラ（天妇罗），コンペイトウ（金平糖、小糖果），タバコ（香烟），カルタ（扑克牌），シャボン（肥皂），チャルメラ（七孔喇叭、唢呐），ボタン（纽扣、按键），カッパ（防雨斗篷、防水桐油纸）
荷兰语	ポン酢（橙汁、橙醋），カラン（龙头），カン（缶）（罐、桶），コップ（玻璃杯、杯子），コルク（软木），コンパス（圆规），メス（手术刀），スコップ（煤铲、铁锨），ピント（焦点、焦距），ペンキ（油漆），ゴム（橡胶），ブリキ（马口铁、白铁皮），カルキ（石灰、漂白粉），ランドセル（双背带书包），ズック（帆布、麻布），レッテル（商标、标签），ドンタク（休息日、假日）

德语	カルテ（诊断记录、病历卡），ガーゼ（纱布、药布），ギプス（石膏），ノイローゼ（神经衰弱），ボンベ（液化气瓶），ワッペン（徽章），ゼッケン（号码布），ヤッケ（防风衣、风雪衣），ザック（登山用帆布背包），ゲレンデ（滑雪练习场）
法语	レストラン（餐厅、西餐馆），ビュッフェ（火车站或列车内的餐室、简便食堂），バリカン（理发推剪、理发推子），クレヨン（蜡笔），デッサン（草图、素描），マント（斗篷、披风），プレタポルテ（高级成衣），ジャンル（种类，体裁，风格），コント（短滑稽戏、小故事、短篇小说），コンクール（竞赛会、观摩演出），アンケート（通讯调查、征询意见），クーデター（政变、武装政变）
俄语	イクラ（鱼卵、咸鲑鱼子、咸鳟鱼子），セイウチ（海象），アジト（共产主义运动及罢工运动的宣传站、指挥所），カンパ（募捐、募集的款项），ノルマ（定额、劳动基本定额）
阿伊努语	シシャモ（柳叶鱼），ラッコ（海獭），オットセイ（海狗），トナカイ（驯鹿）
阿拉伯语	アルコール（酒精），アルカリ（碱、强碱），コーヒー（オランダ語経由）（咖啡，经由荷兰语），ジュバン（ポルトガル語経由）（贴身汗衫，经由葡萄牙语）

日语借用语（外来语）的例子

虽然在引入新事物和概念时，并不是每次都需要借用其名称。表达该事物和概念的名称是必要的，但每种语言都有创造新单词的方法。因此，只要将自己的单词进行组合，能表达新事物和概念即可。

实际上，明治时代的日本，在维新后，新事物和概念大量流入时，并没有将其作为借用语，即用片假名来接受，而是将汉字组合起来，创造出新的汉语词汇来表达。

当时创造的新汉语中有很多像“科学”“社会”“权利”一样成为现代社会使用的基本词汇。之所以不像现在这样依赖片假名词汇，这可能是因为与现代相比，生活节奏比较缓慢。不管怎么说，最大的理由是明治时代的文化人对汉字的认知水平比现在高得多。

05
句子中的语言学

句子的结构

人类以外的动物也在互相交流。但是，动物的交流大部分直接或间接地与生命的维持有关，比如对敌人的警戒、食物的确保、控制集体行动和求爱等。如果动物能讲述过去在遥远的地方发生的事情，将令人难以想象。

与此相反，人可以不分时间、空间传达所有的事情，而且其中不仅包含实际发生的事情，还包含今后发生的事情。另外，即使是没有实际发生的事情，或者实际上不可能发生的事情也可以作为假设来表达，甚至为了欺骗对方而说谎。这样的交流，前提是说话人、听话人双方能准确把握时间、空间，区分事实和非事实，与动物的交流相比，要求特别高的能力。

当然，人类的大脑高度发达，能够充分完成处理这样的状况，但其实语言本身也隐藏着能够实现这种高度交流的结构。

我们在将某件事作为信息传达时，将其以句子的形式进行传达。这时，如果每一件事情都要用完全不同的句子来传达，那会如何呢？因为事件是无限的，所以为了传达它，必须要无限地记住句子。可即使人类的大脑高度发达，这也是不可能的。

那么应该怎么办呢？虽说事件是无限的，但也有相似的情况。那么，类似的事件尽量用类似的句子传达就可以了。例如，“昨天下雨了”“现在正在下雨”“明天要下雨”虽然是不同的事件，但在“下雨”这一点上是共通的，当然，表示各个事件的句子必须是相似的。

但是，如果必须死记硬背每个相似的句子的话，反而容易混淆。要想不死记硬背地完成句子，只要把必要的句子组织起来就可以了。并且，在表示相似事件的句子中，可以共同包含相同的要素。

如果是上述例子，则在表示各个事件的句子中共同使用“下雨”这一要素。也就是说，在人类的语言中，传达信息的句子由更小的单位组合而成，根据其结构，相似的事件可以用相似的句子来表达。

这种结构也利于表示相似但稍有不同的情况。例如，如果下的不是雨而是雪，那么只要将“雨”替换成其他要素，即“雪”，就能造出符合想要传达的信息的句子。相反，作为组成句子要素的单词分别与很多单词组合在一起，因此实际上可以创造出无限的句子。如上所述，人类的语言具备高效的结构，只要记住单词和其结构搭配方法，就能创造出无穷无尽的句子。

句子是由单词的组合组成的，将作为构成要素的单词进行分解叫作分节，句子能够分节的优点能够提高说话人和听话人的交流效率。如果句子不能分节，听话人在说话人把句子说完之前，就无法理解该句子。

实际上，由于句子是由单词组合而成的，所以听话人每听到一个单词，就可以循序渐进地进行理解，几乎在说话人说完句子的同时，就可以理解整个句子的意思。

但是，如果只是单纯地用单词排列成句子的话，在“女は足を引きずりながら逃げる男を追った”（注：这是一个会产生歧义的句子，既可以理解为“女人追着拖着腿逃跑的男人”，也可以理解为“女人拖着腿追赶逃跑的男人”）的句子中，“引きずりながら”（注：一边拖着）的主语既可以解释为“女”，也可以解释为“男”，这种含糊不清的句子解释成了问题。这里要区分两种解释，有必要考虑“引きずりながら”是和“逃げる”（注：逃跑）还是和“追った”（注：追赶）结合在一起。这意味着单词与其他单词组成更大的整体，并通过重复来组成句子。

是“女人追着拖着腿逃跑的男人”
还是“女人拖着腿追赶逃跑的男人”呢？

这样构成句子的要素形成层级关系，这种层级关系被称为句子结构。要想解释句子的含义，就必须掌握该句子的结构。

小知识

结构：语言是通过重复小要素形成更大的整体而构成的，而构成一个结构的诸要素在许多情况下不是对等的，而是由其他要素从属起着核心作用的要素，从而形成了更大的结构。

但是，构成句子的大集合中，有各自的核心要素，动词、主语、起着宾语作用的名词等，只要把握核心要素的意思，就能理解句子的大致意思。我们平时并不总是集中注意力听对方说话，置若罔闻的情况也不少。尽管如此，交流之所以能够成立，正是因为语言本身具有即使去掉细微的修饰部分，仅靠句子的框架也能成立的结构。

这样，因为句子具有结构，所以语言可以传达多种多样的、事实上无限可能的事情。另一方面，形成了即使是复杂的长句也能够相对容易解释的结构。

短语结构规则、短语结构语法

句子由单词（准确地说是词素）排列而成。例如，“昨日、学会で知り合った人にメールを出した”（注：这是一个会产生歧义的句子，既可以理解为“昨天给在学会上认识的人发了邮件”，也可以理解为“给昨天在学会上认识的人发了邮件”）一句中，是由“昨日（注：昨天）”，“学会（注：学会）”，“で（注：日语中提示地点的助词）”，“知り（注：知道）”，“合っ（注：互相）”，“た（注：日语中表示过去时态）”，“人（注：人）”，“に（注：日语中提示对象的助词）”，“メール（注：邮件）”，“を（注：日语中提示宾语的助词）”，

“出し（注：寄出、发出）”，“た（注：日语中表示过去时态，这里相当于“了”）”等12个词素组成的。

但是，这些词素并不是简单地排列成链状。如上所述，某个词素和某个词素结合在一起，形成了更大的整体。例如，“出し”这个词素，在和前面的“を”结合之前，先和后面的“た”结合成“出した”，形成一个更大的整体。

另外，这句话有“昨日”（注：昨天）、“知り合った”（注：相识）还是“昨日”“メールを出した”（注：发了邮件）等含糊不清的地方，当然，说话者意在解释其一，如果是前者，“昨日”应该和“知り合った”结合起来，形成一个大的整体，如果是后者，应该和“メールを出した”结合在一起。

像这样，词素并不是一下子构成句子，而是在构成更大的整体过程中，有步骤地构成句子，对于更大的整体，构成它的下位要素称为成分。

从句子来看，句子首先被分割成几个大的成分，然后被分割成更小的成分，如此反复，最终到达词素。这种结构被称为成分结构，20世纪后半期以后，通过结构掌握语言的思考方式成为句法学分析的基础。也就是说，语法必须能够明确实际存在的句子结构，并且能够根据需要创造出具有适当结构的句子。

任何语言都具有多种成分结构，但并不是说任何结构都是被允许。因此，需要一种手段来判断某种结构是否可以用该语言来表达。此时，如果句子的结构是已知的，则可以自信地说是正确的结构。但是，即使该句子的结构不是已知的，也不能说结构不正确。究其原因，也许只是碰巧不知道其结构而已。

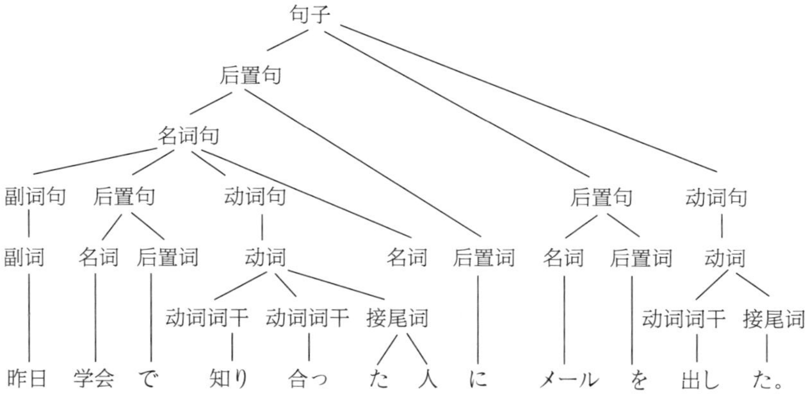

※“昨日”修饰“知り合った”情况下的成分结构 。为了方便起见，格助词看作后置词。

成分结构

像这样依靠经验判断结构是否正确是不恰当的。客观地判断结构是否正确需要某种规则，如果由规则引导成分结构，那么可以通过是否符合规则来判断结构是否正确。这样的规则在句法学中被称为短语结构规则，由短语结构规则的集合构成的语法被称为短语结构语法。也就是说，我们人类存储着单词及这个规则的集合，通过组合两者来创造句子。

小知识

短语结构语法：短语结构语法被定义为将一个字符列改写成另一个字符列的规则的集合，并且通过重复应用该规则生成语言的层次结构。相反，由两个构成要素之间的从属关系所记述的语法称为依存语法。

综上所述，句法学将语法视为规则的集合，但这种想法并非没有问题。如果记忆了规则的集合，当然知道那是什么规则，但是在掌握母语的过程中，没有记忆过这样的规则的，在掌握外语的情况下也是一样的。

我们真的记得由规则集合构成的语法吗？作为这个问题的答案，有一种观点认为，规则不是有意识地去记忆的，而是与生俱来的，就算掌握了语言，规则也不会被意识化。如果规则不被意识化，那就会有一个问题，如何验证它的存在呢？另外，还有一个疑问：语言不同，语法规则也会不同，怎么能说天生就掌握了规则呢？

必须如实回答这种疑问，如果没有规则，我们就只能依靠以前听到的句子的记忆来造句子，我们能造的句子不一定是以前听过的句子，这就不能解释这个事实了。因此，基本上可以承认语言的语法是规则的集合这种观点。

那么，根据以上的观点，当听者理解某个话语时，听者参照心理词典的记述，通过将短语结构规则应用于用耳朵听到的音链，导出该发话的成分结构，解释话语的意义。

此时，声音依次到达耳朵，但由于成分通常由相邻的要素构成，所以即使不听到最后，也可以同时并行地进行解释。但是，在上述的例子中，“昨日”（注：昨天）与“メールを出した”（注：发了邮件）结合，跳过了“学会で知り合った”（注：在学会相识）的部分，所以有必要把和“学会で知り合った”结合起来的“昨日”和“メールを出した”重新结合起来。

我们在说话的时候，首先根据想要表达的内容，从心理词典中选出表达所需的单词，接着根据组合短语结构规则，组织适合于表示该内容的成分结构，最后通过将单词配置在成分结构的适当位置，产生了与想要表达的内容相匹配的句子。

规则本身和句子解释或生成的过程也还有不少未阐明的部分，但这些见解可以指导我们理解能够准确传达意图的句子是什么样的句子，以及什么是浅显易懂的句子。

日语和英语的被动句的区别

听到语法，你可能会认为是枯燥无味需要死记硬背的东西。然而，深究语法，从语言的特性到历史，可以了解到很多事情。

例如，在描述某一事件时，作为转换视角的手段，在许多语言中使用被动语态。实际上，日语和英语中都有被动语态，但是日语的被动语态具有英语中没有的特征。

小知识

被动语态：动词“読**む**”（读）一词，有“読**む**人”（读的人）和“読**まれる**物”（被读物）这两种情况，应该一起使用的名词的数量是固定的，该名词被称为动词的论元。被动语态也用于不想确定主动句主语的情况，在这种情况下，论元在表面上减少一个。

如果被动语态是为了表示视角的转换，对于描述对象的事件，则必须有2个能够设定视角的对象。这两个对象中，一个是主动语态中的主语，另一个是主动语态中的宾语，其宾语在被动语态中被选为视角，成为主语，所以被动句只能由主语和带宾语的他动词句子组成。

但是，在日语中，有像“今日は帰りに雨に降られた”（注：今天回家的时候被雨淋了）这句话一样，虽然是被动句，但是动词不是他动词的例子。这个该怎么考虑才好呢？

首先，“今日は帰りに雨に降られた”的视角放在这句话的说话者身上。但是，这句话的动词是“降る”（注：雨、雪等下落），所以这句话的说话者既不是动词“降る”的主语，也不是宾语。也就是说，既不是主语也不是宾语的内容被选择为视角。那么，为什么会有这种情况呢？这句话的说话者，因为被雨淋了，衣服被淋湿等麻烦，间接地与“雨が降る”（下雨）这件事有关。

同样地，动词确实是他动词，但在“彼女は持ち歌を先に歌われた”（注：意思为“别人先唱了她拿手的歌”。在日语中通常用被动句来表达）这一句中作为视角的“彼女”（注：她），既不是对应的主动句“彼女の持ち歌を誰かが先に歌った”的主语，也不是宾语。在这种情况下，也正是因为别人先唱了她想唱的曲子，故“彼女”感到困扰的这种联系，才有了这样的句子。

像这样，在日语中，即使与动词的关系是间接的，也能写出被动句，而在英语中却并非如此。这与将“秋刀魚を焼くときに出るにおい”（注：烤秋刀鱼时发出的香味）可以缩短为“秋刀魚を焼くにおい”（注：烤秋刀鱼的香味）有关。

那么，在“今日は帰りに雨に降られた”或“彼女は持ち歌を先に歌われた”这样的句子中，还有一点要注意的是，句子的视角是在人身上。

当然，在日语中，也有像“この味噌は昔ながらの製法で作られている”（注：这个味噌是用传统做法做的）这样，把视角放在事物上的被动句。但是，“彼女の財布がすりに盗られた”（注：她的钱包被小偷偷了）是不自然的，“彼女はすりに財布を盗られた”（注：她被小偷偷了钱包）比较自然，日语中被动句的视角基本上是放在人身上的。

而且，被动句的内容大多是对处于视角的人来说不好的事态、受到困扰的事态。这是为什么呢?

这里需要注意的是，与主动句描述事情本身不同，被动句表示的是该事情的结果。这时，先不说和事件本身有直接关系的情况，要想把只有间接关系的人作为视角就需要相应的动机，如果视角人物没有受到什么不好的影响的话，很难造出句子。

日语的被动句是在动词上加上“れる”（注：罗马音为

reru）和“られる”（注：罗马音为 rareru）形成的，但是“れる”和“られる”并不仅仅表示被动。也有“自发”“尊敬”和“可能”的用法。那么，为什么同样是“れる”和“られる”可以表示不同的意思呢？

语言中有同音异义词，表示“被动”“自发”“尊敬”“可能”的“れる”和“られる”可能是发音相同的同音异义词。但是，4 个单词的发音碰巧相同的解释是不正确的，同样的一个单词具有各种用法的解释更正确，如果是这样，是不是应该认为“被动”“自发”“尊敬”“可能”之间有某种联系呢？

首先，“自发”表示事物自然发生的意思。另一方面，如上所述，“被动”表示对视角人物来说发生了不好的事情的意思。那么，“自发”和“被动”的共同点是，虽然主体没有积极参与，但会产生某种结果。

另一方面，说到它与“尊敬”有何关联，因为长辈的行为晚辈是不能介入的，所以长辈的行为所带来的结果，对晚辈来说，是在没有主体参与的情况下所得到的结果，可以认为由此产生了表示“尊敬”的用法。但如果“可能”是主体的能力问题，那么主体反而会积极参与。那样的话，“可能”和其他的用法有很大的不同。

其实，原本“可能”的用法，与其说是与主体的能力有关，不如说是有能力就容易得到行为的结果的意思。也就是说，在“可能”的用法中，比起能力，更重视由此得到的结果。如果是这样，从其他用法中派生出“可能”的意思也就不足为奇了。但是，此后，

"可能"的用法逐渐意味着能力,与其他用法的区别越来越明显。

可以说这就是五段活用动词中"書ける"(注:能写)这样的可能动词成立的理由,也是在今天,一段活用动词中"食べれる"(注:能吃)这样的"ら抜き言葉"(注:指一部分为日语单词变形时省略假名"ら"的表达形式)逐渐普及的理由。

04 不同的见解，不同的表达

主动、被动、授受

句子描述了某种事件。此时，同一事件有时会用不同的句子来描述。例如，“先生が太郎を褒めた（んだ）”（注：老师表扬了太郎）和“太郎が先生に褒められた（んだ）”（注：太郎被老师表扬了），虽然是不同的句子，但却表示着相同的事件。

那么，这两个句子的意思是否完全相同呢？这里，这两个句子是回答了“到底发生了什么？”如果回答这个问题的人以“太郎”开始回答的话，那就意味着这个人关注点是太郎，想从太郎的角度来描述这个事件。也就是说，这两个句子的不同表示了句子表达者观点的不同。

“先生が太郎を褒めた”（注：老师表扬了太郎）被称为主动句，“太郎が先生に褒められた”（注：太郎被老师表扬了）被称为被动句。除了日语以外，还有很多语言具有主动句和被动句的组合，为什么需要这样的组合呢？因为如果使用这样的组合，就可以很容易地表现出对事件描写的视角的不同。

当然，视角的不同除了主动和被动也能表现出来。例如，在上述例子中，为了表示视角在太郎，改变主动句的语序成为被动句，可以是“太郎を先生が褒めた（んだ）”（注：太郎被老师表扬了）。视角在太郎，说明比起老师，说话人更关注的是太郎，所以把“太郎”放在句子开头是合理的。实际上，在任何语言中，通常在句子的开头显示主题或前提，在其余部分显示关于主题或前提的新信息。

小知识

语序：语言具有其构成要素以序列形式出现的性质，将其称为语言的线条性。如果改变音素或词素的顺序，则意思发生变化或不符合语法，但有时即使更换单词的顺序，基本的意思也不会改变。

但是，日语之所以难是因为省略的情况很多，同样的情况，有时不直接接触太郎，而是用“先生が褒めた（んだ）”（注：老师表扬了）来表达。那么，在这种情况下，视角放在哪一方呢？这里的视角不是句子中表达的“先生”（注：老师），而是没有表达的“太郎”（注：太郎）。这是因为，视角一般被放置在主题和前提下，并且在句子的开头表示，但主题和前提是说话人和听话人都已经了解的，也可以不表达。与此相对，如果说话人不表达对主题和前提给予的信息，就不能传达给听话人。

那么，视角所涉及的表达不仅仅是主动和被动。日语的授受表现也和视角有关。

例如，“花子が太郎にプレゼントをもらった”（注：花子从太郎那里收到了礼物）和“太郎が花子にプレゼントをあげた”（注：太郎送礼物给花子）的句子表示相同的事件，但视角仍然不同，前者是“花子”（注：花子），后者是“太郎”。这种情况，如果把“花子”换成“（自分の）娘”[注：(自己的）女儿]就很清楚了。

即使把“花子”替换为“娘”（女儿），视角放在了“娘”上前一句也是成立的。因为，在“（自分の）娘”和“太郎”中，很明显，视角在身为亲人的女儿。另一方面，后一句如果将“花子”替换为“娘”，则是不成立的。这是因为后一句的视角是“太郎”，原本应该是视角的“娘”却不能成为视角。

像这样，授受动词分别决定视角人物，所以给予的一方是视角人物，即接近说话人的人物时使用“あげる”（注：给），接受方是视角人物时必须使用“もらう”（注：得到）。

但是，作为授受动词之一的“くれる”（注：给予），具有与“あげる”和“もらう”不同的性质。因为，虽然可以说“太郎が娘にプレゼントをくれる”（注：太郎给了女儿礼物），但不能说“娘が太郎にプレゼントをくれた”（注：女儿给了太郎礼物），谓语中带有“くれる”的句子，不能把接近说话人的人物作为主语。在授受关系上，主语的选择不仅要考虑是否接近说话人，还要遵循一个标准，即给予的一方优先于接受的一方，“くれる”是符合这个标准的。

视角与用法有关的动词，除此之外，还有“行く”（注：去）和“来る”（注：来）。例如，可以说“僕が君のところへ行く”（注：我去你那里），但不能说“僕が君のところへ来る”（注：我来你这里）。另外，可以说“君が僕のところへ来て”（注：你来我这里），但不能说“君が僕のところへ行って”（注：你去我这里）。“行く”是说话人，也就是说视角人物是主语，而“来る”以向说话人移动的人或物为主语，出现了与“くれる”类似的情况。这是因为“くれる”和“来る”之间有意义上的重叠，就像把“太郎が手紙をくれた”（注：太郎给我信）换成“太郎から手紙が来た”（注：太郎来信了）一样。

另外，有时“行く”“来る”不是具体的移动，也表示状况的变化，但用法也有差异。例如，可以说“うまくいった”（注：进展顺利），但不能说“うまくきた”（注：顺利进展过来）。可以说“運が向いてきた”（注：运气好起来了），但不能说“運が向いていった”（注：运气好下去了）。这一区别也在于，“行く”的视角在接近说话者的一侧，因此，从

该视角客观地叙述状况的变化，而“来る”反而是接近于授受的表达，如果从说话人是否受益的观点来看，是在进行主观的叙述状况的变化的话，就能得到说明。

视角的不同虽然是认识方式的不同，但对事态的认识方式，即使语言不同也不会有太大的不同。实际上，在英语中 go 也会远离说话人，所以“go astray”（注：迷路）一样用于不好的事态，“come”接近说话人，所以“come true”（注：实现）一样用于好的事态。

我是“去”而不是“来”

专栏

形式语言和自然语言

在句法学中，语法是规则的集合，规则必须生成可以存在于某一语言中的所有句子，并且只生成这些句子。反过来说，语言是由规则的集合来定义的。

规则的数量只要是有限的即可，即使规则只有两个，它所定义的语言也存在。例如，假设两个规则为 S → aSb、S → □(其中，a、b 分别表示单词，□ 表示空字符串)。由此导出的句子仅限于在 a 后面的 b 相同排列的句子，如 ab、aabb、aaabbb、aaaabbbb 等，这些句子的集合就是由 S → aSb、S → □ 这两个规则所定义的语言的内容。

如这个例子所示，用明确的规则定义的语言称为形式语言，但是如果试图对我们人类平时使用的自然语言进行同样的说明，就需要更复杂、更多的规则。

实际上，试图用规则集合来描述自然语言的尝试还没有完全成功。在自然语言中，语义解释依赖于语境的情况不少，因此如何保证规则所生成句子的正确语义解释成为一个难题。

但是，语言是由规则的集合来定义的这一事实本身是公认的，因此通过形式语言来模仿自然语言的尝试仍在继续。

06
解读“意义”的语言学

语义三角形

语言通过句子或单词的形式来传达意义。因此，语言所传达的意义当然也应该由语言学来阐明。

在语言学中，我们把研究意义的领域称为语义学。但是，在语义学这个领域里，存在着在研究语言形式领域所没有的困难。那就是，必须用语言来说明语言的意义。这样一来，稍有不慎，只不过是简单地换了个说法而已。

在字典上查 A 这个单词的意义的话，写的是 B，查 B 这个单词的意义，写的是 A，这样的记述在表示 A 和 B 大致同义这一点上是有意义的，并且就实用性来说也许这样就足够了。但是，就语言学来说，并没有解释清楚任何意义。

活跃于20世纪中叶的美国语言学家布龙菲尔德认为“salt”的意义就是“Nacl”（食盐），语言学没有必要进一步深入考察这个单词的意义。布龙菲尔德为美国结构主义语言学的发展作出了很大贡献，因对美国土著各种语言的研究而闻名，特别是在语言形式方面的分析上，确立了严密的基于程序的分析方法。也就是无法直接观察、形式上也无法分析的“意义”不是语言学的研究对象。

究竟“意义”是什么呢？也就是说，我们很难简单地对“意义”的意义进行定义。

语言学家奥格登和文艺批评家理查兹在1923年所著的《意义的意义》一书中，刊登了一个被称为语义三角形的图形，根据这个图形，语言符号的“意义”，是将语言符号和指示对象间接联系起来的一个概念。在这个定义中，只是将“意义”换成了“概念”一词。然而，“概念”是我们人类思考的结果形成的，因此，“意义”是“概念”，表明我们的思考与“意义”有关。也就是说，“意义”并不是附着在语言以外事物上的单纯的标签，也无法根据经验事后理解。

比如我们试着思考一下“桌子”这个词。我们的头脑中在使用“桌子”这个单词之前就已经形成了“桌子”的概念，“桌子”这个词可以指代任何符合“桌子”概念的家具。如果单词的“意义”是根据经验事后理解的话，那么，我们只能通过经验的积累，来掌握“桌子”这个单词指的是哪个范围的家具。

单词的“意义”虽然会在使用中加以修正，但都是事先确定的，正因为如此，我们才能根据其“意义”，将外观不同的各种家具都称为“桌子”。

在这种概念化的过程中，如何区别其他语言符号成为一个问题。什么是“桌子”，什么是“椅子”，什么是“沙发”？每个单词都指的是外观不同的各种各样的家具，同样的家具，也不可能既是“书桌”又是“餐桌”。这种时候，对于典型的“书桌”和“餐桌”，也许可以明确说这样的东西是“书桌”或“餐桌”，但在特征不明显的情况下，倒不如说因为不是“书桌”所以是“餐桌”、因为不是“餐桌”而应该说是“书桌”，更容易让人明白。这表明各个单词是根据与其他单词的差异而概念化的。

索绪尔指出，构成语言的单词的意义因与其他单词的差异而被网格化。也就是说，所谓单词的意义，是根据与其他单词的差异而被消极定义的。但是，说到意义，各个单词的意义也有重复，并不是完全的网格化。另外，对于表示具体意义的名词类，的确可以根据差异网格化，也便于联想，但网格化并不适用于所有种类的词。因此，单词的意义都是由差异来定义的说法有些言过其实了。

概念化的过程并不仅仅与表示事物的单词层面有关，在表示事态的句子层面，也涉及概念化的过程。

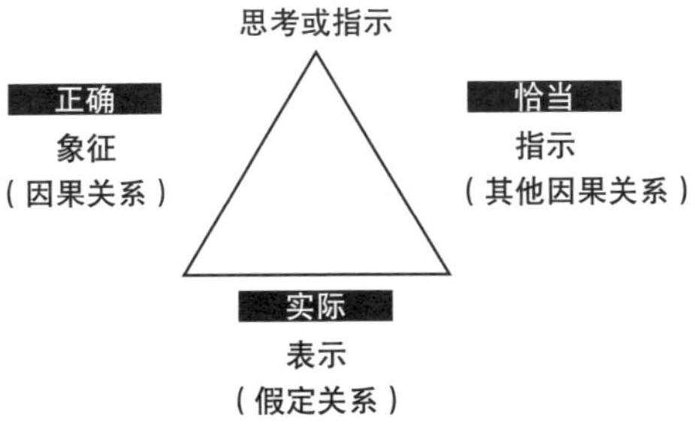

语义三角形

在单词的层面上为什么要概念化，是因为要表现的事物有很多，如果一个一个地说，无论有多少个单词也是不够的。通过概念化，类似的事物可以集中在一起，用一个词进行指示。这一点在句子所表现的事态上也是通用的，世界上有无数可表现的事态。

例如，某人给另一个人传递东西的时候，如果连传递方式的状态细节都考虑的话，就会呈现出各种不同的情况。虽说语言可以通过组合单词来创造出无数的句子，但是句子的关键，也就是谓语的数量并不是无限的。如果连细微的差别都用不同的谓语来表现的话，谓语就不够用了。因此，还是应该通过概念化将相似的事态归结为一种，由此，才能够用有限的谓语表现无限的事态。因此，句子的“意义”也可以说是概念化事态。

组合关系和聚合关系

研究意义之所以困难，原因之一在于一个单词不一定只有一个意义。具有多重含义的单词被称为多义词。为什么会出现这种情况呢？在语言的形态方面，无论是音素还是词素，都是由各要素的对立构成的体系，是分散的单位集合。与此相对，意义并不是全部基于差异的体系，有时候也会出现各要素所表示的意义重叠的情况。

因此，意义领域的扩展也相对容易，如果我们现在分析多义词所具有的意义之间的关系，就会发现，在很多情况下，意义扩展到了基本核心意义的周边领域，从而成为多义词。例如，

“手”“腿”等表示身体部位的词是多义词，但每个词所具有的各种语义与表示身体部位的核心意义有某种关系，因此可以看作是核心意义的扩展。

虽然核心义和扩张义之间的关系并不都一样，但其中有不少与比喻相关。例如，当“腿”用于书桌或餐桌时，它是基于对形态和功能的比喻。另外，“狗”被用作“警察的狗”（注：即“狗腿子”）时的意思也是基于对动物“狗”所具有的性质的比喻，但两者之间的关系与“腿”的词义扩张情况相比并不直接。

根据词汇的不同，也有词义表示的范围伸缩的情况。例如，“兄弟”一词，在日语中，说到“兄弟姐妹”时，只指男性的兄弟，但不论男女，有时也把拥有相同父母的人都称为“兄弟”。另外，在“赤味噌”“白味噌”“赤蛙”“青蛙”这样的表达中，“赤”“白”“青”并不表示这些词本来所指的颜色。例如味噌的颜色通常是茶色，其中茶色相对较深的称为赤味噌，茶色较淡的称为白味噌。

从这些例子可以看出，单词的意义不一定能够由这个单词单独决定。无论是“桌子的腿”“警察的狗”，还是“青蛙”。“腿”“狗”“青”的意义，离开“桌子”“警察”“蛙”的话就无法成立。在单词表示语法意义的情况下也是一样的，例如，“中古の家を”（注：买二手房子）的“を”表示“買う”（注：买）的行为的对象，而“朝6時に家を出る”（注：早上6点出门）的“を”表示“出る”（注：出门）这个行为的起点，其区别最终是由搭配动词的不同决定的。如上所述，要判断单词的意义，必须基于差异体系，考虑其与在相同语境中可互换的其他单词以及与搭配单词的关系。

另外，可以替换的单词之间是聚合关系，而共同出现的单词之间是组合关系。

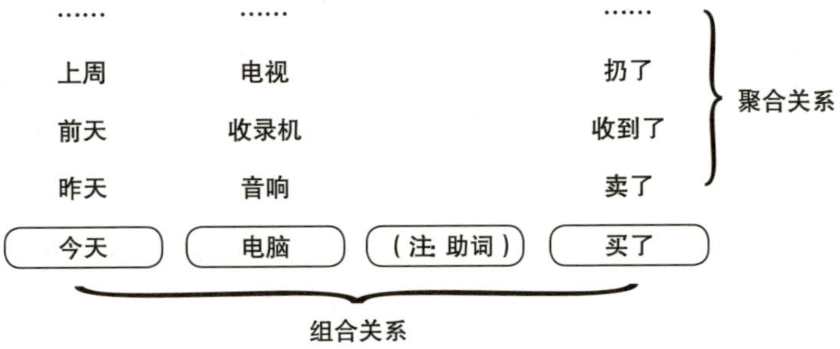

替换和搭配的关系

当然，也有像“鹈鹕”这样意义不受搭配单词影响的单词。相反，也有像惯用句那样，与构成它的单词的意义无关，而是由单词固定的组合产生特定意义的例子。例如，“油を売る”这一惯用句，虽然在词源上有关系，但并不像字面那样表示“卖油”的意思，而是表示“闲聊打发时间”。惯用句虽然是由多个单词组成，但是从意义上来说，整体上是一个单词，其意义只能和普通单词一样记忆。

那么，句子的意义又是什么呢？句子也是由多个单词构成的，但并不是说将单词的意义叠加在一起就成了句子的意义。

这一点我们从一个例子可以看出：使用同样的单词造出的“太郎给花子写了信”和“花子给太郎写了信”这两个句子的意义完全不一样。

那是不是从意义上来说，句子也同惯用句一样，整体像一个单词呢？如果那样，我们就必须一个一个地记住句子的意义。实际上这是不可能的，将单词组合起来，创造出无数句子的语言的基本结构也将无法发挥作用。那么，句子的意义到底是由什么决定的呢？

在上述两个例句中，意义之所以不同是因为，前者以“太郎”为主语，后者则以“花子”为主语。就像这样，句子意义的解释与语法有关，即使单词相同，如果语法上的解释不同，句子的意义也会不同。当然，如果句子没有遵循语法规则，就不能进行语法解释，所以那样的句子无法成立。

但是，要说句子只要遵循语法规则就可以解释意义，那也不一定。为什么这么说呢，因为我们也可以列举出很多即使语法上完全没有问题，却无法解释其意义的句子。

例如，乔姆斯基的著名例句“Cololeess green ideas sleep furiously”，这个句子遵循英语的语法规则，在语法上完全没有问题。但是，要解释意义的话，“Cololeess”（注：无色）和“green ”（注：绿色）是矛盾的，也不可能“furiously”（注：猛烈地）“sleep”（注：沉睡）。主语“ideas”（注：想法）和动词“sleep”的关系也不能按字面解释，最终，这句话就无法解释了。也就是说，句子的意义是由单词的意思和语法上的解释决定的。

小知识

比喻：比喻可以分为像“盆一样的月亮”那样明确表示比喻的明喻，像“期待之星”这样没有明确表示比喻的暗喻，像“今天的夜晚是锅”这样表示相关概念的转喻，以及像“人手不够”这样表示上位概念或下位概念的提喻。

真值条件语义学、形式语义学

语言由形式和意义两方面构成。语言是为了传达意义而存在的，但是想要传达意义，就必须将其应用于形式。因此，要想把句子的意义传达给对方，这个意义必须是可以解释的，同时该句子在形式上和语法上都必须完整。

但是，在现实生活中，我们能够理解稍微脱离了语法的句子，但无法理解意义不能解释的句子。这说明，我们人类具有判断句子是否完整、是否符合语法且句子是否能够解释的能力。

那么，判断句子是否能够解释的标准是什么呢？在语法方面，我们可以提出明确的标准，例如主语和动词不一致，所以不符合语法。然而在意义方面，即使用语言说明句子不能解释的理由，但由于语言本身也具有意义，又会产生解释的余地，这样就没有明确的标准。

因此，为了避免产生歧义，人们产生了将意义置换成逻辑关系进行思考的想法。

例如，当被问到某场比赛的结果如何时，我们不能说“A 队赢了 B 队，B 队赢了 A 队”。为什么这么说呢，如果说“赢”和“输”是完全相反的现象，那么“B 队赢了 A 队”就等于“A 队输给了 B 队”。则前面举的例句是同时在阐述“A 队赢了 B 队”和“A 队输给了 B 队”这一理论上无法同时成立的命题。也就是说，如果“A 队赢了 B 队”是真的，那么“A 队输给了 B 队”“B 队赢了 A 队”都是假的，因为逻辑上为真的句子和假的句子连接在一起，句子整体也是假的，这样就变得无法解释。

如此，把句子所表达的内容置换成命题间的逻辑关系，通过思考其真值条件来解释句子的意义的研究被称为真值条件意义论。

但是，我们稍微思考一下就会明白，通过这样的置换能够明示意义的句子，是我们实际使用的句子中极少的一部分。而且，用这个方法的话，“因为地球是圆的，所以富士山是日本最高的山”这句话在意义上也是正确的。因为，“地球是圆的”是真的，“富士山是日本最高的山”也是真的，整个句子都是真的，也是可以解释的。也就是说，如果想将意义置换成逻辑关系来理解，仅仅凭借命题逻辑，即以逻辑关系来理解命题相互关系，这种思考方法是不够的，必须考虑能够包含命题内容的逻辑化的方法。

在将命题的内容逻辑化的情况下，我们有必要着眼于作为命题核心的谓词和谓项之间的关系。究其原因，如果从形式和意义这一语言的两面性来考虑的话，既然实际的句子是由谓词和论元构成的，那么我们自然会认为意义上的解释也与其句子构成相关。这种想法在形式语义学中称为谓词逻辑。

例如，如果是“A 队赢了 B 队”的话，这句话中所述的命题是由“赢”这个谓词、表示胜利一方的“A 队”这一论元、表示失败一方的“B 队”这一论元构成的。而且，这句话中有“A 队”和“B 队”，当两个队比赛，“A 队”赢了“B 队”的情况发生时，真值变为真，可以解释意义。另一方面，“因为地球是圆的，所以富士山是日本最高的山”这句话的意义之所以不成立，是因为在“地球”和“富士山”这两个论元之间，以及“圆”这一谓词和“日本最高的山”这一谓词之间找不到逻辑性的关联性。

小知识

形式语义学：是语义通过一定的形式从构成要素的意义中导出的观点。但这种观点无法解释语义与上下文或背景知识相关时的情况，因此为了能够解决这样的问题，学者们尝试着进行了各种各样的改良。

不过，仅仅这样的话，就看不到特意将句子置换成逻辑形式的好处。但是，例如，“所有的队伍都战胜了某个队伍”这句话，可以有两种解释，如果我们给这句话提供两种不同的逻辑形式，就可以轻易地说明这两种解释的差异。也就是说，一个解释是基于概略（.x）（team’（x）→（.（y）（team’（y）&beat’（x，y））这样的逻辑形式来解释的，每个队伍获胜的对手不相同。另一方面，所有队伍都战胜了同一个队伍的解释则是基于概略（.（y）（team’（y）&（.x）（team’（x）→beat’（x，y））的逻辑形式。

如上所述，使用谓词逻辑意义的形式化与命题逻辑相比，在句子的意义上更为明确。但是，要说理解意义用谓词逻辑就足够了，那也绝非如此。实际上，以蒙太古提倡的蒙太古语法为开端，语言学家们提出了几个更高级的形式语义学的框架。

曾几何时，我们也认为人类的语言不适合逻辑化，但是通过这些框架，至少可以客观地解释一部分意义。尽管如此，这些框架并不能说明全部情况，而且这些框架都是非常晦涩难懂的，所以，对于以此作为一般说话者应该有的意义解释的基准是否恰当，这个问题仍有争议。

小知识

蒙太古语法：美国数学家、逻辑学家理查德·蒙太古（1930—1971）提出的语义理论。蒙太古认为句法规则的表示和意义性的表示之间存在映射关系，并运用数理逻辑学的模型理论，在形式上处理语义。他开创了情景语义学等之后形式语义学研究的先河。

言语行为、会话的含意

语言有各种各样的功能。当然，传达信息是语言的重要功能之一，但不以传达信息为目的的语言交流也并不少见。

例如，人们互相问候时，问候本身并不包含应该传达的信息。尽管如此，人们仍然会互相问候，是为了通过这种方式来维持良好的人际关系。另外，“喂”“那个”“预备，123”等吆喝声本身所具有的信息量也并不多。因为这些词的功能首先在于唤起对方的注意。

不过，同样是唤起对方注意，但在使用哪个词语这一点上，所表达的含意是不同的。例如，像“喂，快点”这样，在“喂”

后面会出现命令，而在“那个”后面则不会出现命令。另外，有时候，在“喂”和“预备，123”后面也可以不接其他表达，这是因为即使不继续说话，从状况来看也能明白说话人的意图，例如，在场的几个人把手放在一张大桌子上的情况下，这时如果有人说“预备，123”，听到的其他人理所当然地会抬起桌子。

在这里必须注意的是，有些语言具有一种引导作用，即通过说出这些语言来引导听话者做某事。这种表达不局限于吆喝声。例如，说话者说“把窗户打开”的时候，作为听话者，仅仅意识到说话者希望打开窗户是不够的，还需有打开窗户的行为。从说话者的立场来看，只有听话人按照说话人的意图动作，才达到了说话的目的。

当然，如果听话者不懂日语，自然不能打开窗户。另外，如果窗户高到够不着的话，即使想打开也打不开。另外，说话者即使说了“把窗户打开”，可能也有人会说“讨厌”，也有人会因为“把窗户打开”的命令语气而生气因此不打开。

如上所述，说话者希求的行为并不能经常实现，考察语言在实际场景中运用的语用学，将意图实现行为的这些话语称为言语行为。言语行为除了命令以外，还包括请求、要求、劝告、警告、询问、断定、约定、誓言、感谢、道歉、宣布、宣告等。

这里所说的行为不一定要与表达区分。例如，在宣布什么的情况下，宣布本身就是应该通过说话来实现的行为。这些言语行为都有各自适当的表达方法。想拜托什么事情，就不能用命令的语气，“明天可能会不迟到准时来”这样含糊的说法也无法视为约定。

然而，即使有些句子看起来并没有直接表示这些言语行为，根据情况也可以看作是在表示。例如，“这个房间好热啊”这样的表达，单纯地考虑只是表达说话人的印象，而不是言语行为。但是，如果在说出这句话的时候，同一间屋子里有他人在场，说不定那个人会机灵地打开窗户。在这种情况下，如果打开窗户正符合说话人的意图，那么“这个房间真热啊”这句话也可以解释为命令乃至委托的言语行为。

另一方面，如果某人说“今天晚上陪我”，说话者期待着听话者陪他，所以这是言语行为。但是，对于这句话，听话者回答说“因为今天是星期二”。这种情况下，说话者期待的回答是“可以哦”，如果拒绝邀请，也可以明确拒绝说“今天不行”。而“今天是星期二”这样的回答，如果按字面解释，不知道是在接受还是拒绝邀请。

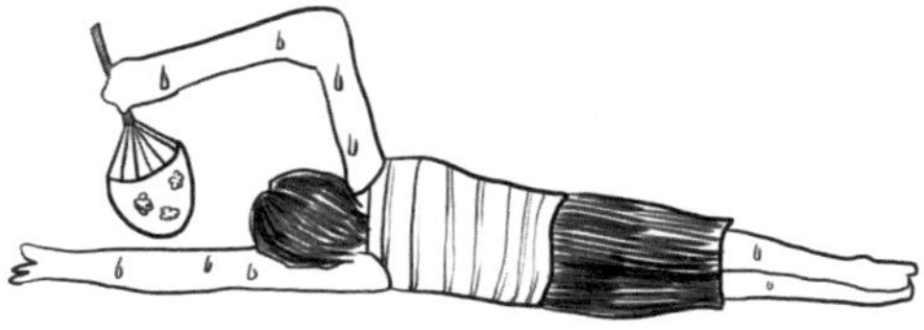

现在正在进行“言语行为”吗？

但是，听到这个回答的说话者一般会判断为拒绝邀请。为什么这么说呢，因为虽然“今天是星期二”和说话者的邀请之间没有直接的关系，得到了这样的回答，就必然解释为看起来没有直接关系但实际上是有关系的。而且，如果接受邀请，就没有必要特意说明理由，所以可以推断这是拒绝邀请。当然，即使这样能推断出来，但如果说话者和听话者之间事先没有什么关于听话人星期二安排的共有信息的话，这个回答也未免太含糊了。例如听话者星期二晚上要打工，因此无法作陪，只有说话者事先也知道这个信息，这个回答才能成为对说话者邀请的回答。

从这个例子可以看出，我们的语言交流未必是明确的。当然，因为解释起来比较麻烦，所以比起含糊的说法，明确的说法更好，但是在实际的日常会话中，通过上下文、状况、共享的背景知识等补充信息进行解释的对话也不少。

小知识

会话的含义：例如，下着大雨，却有人说“今天天气真好”，那么这句话就是讽刺，表达中含有相反的意思，从像这样的上下文或特定语句中产生的含义里，不以逻辑性的推论为前提的含义被称为会话的含义。

05 会话的规则——交际语言学

合作原则、会话的准则

我们在交谈的时候，如果各自随便说出自己想说的话，那么对话就无法顺利进行。

为了使会话顺利进行，对话双方需要相互配合合作，使会话符合交谈中公认的一定的目标或方向。语言哲学家格莱斯把这种现象称为合作原则。具体地说，会话必须遵循量、质、关系、方式这四个准则。

首先，所谓量的准则，是指在轮到自己说话的时候，提供的信息量过多或过少都不行，所说的话应该满足交际所需的信息量且不应超出交际所需的信息量。另外，所谓质的准则，即不应该提供自己认为是谎言或是没有把握的信息。关系的准则指的是，提供的信息必须与会话有关联性。最后，方式的准则是指，说话要清楚明了，避免含糊和不明确等。

以上四个会话的准则，可以说是理所当然的。例如，如果有人违背量的准则进行冗长的发言，其他的参加者就会感到厌烦，另一方面，如果信息量不足，又必须反复询问，这种情况下会话也会停滞。

那么，我们进行的会话都遵循着这四个准则吗？

试想一下，像刚才举出的例子，其实在实际会话中经常发生，即使因此停滞不前，对话也很少会失败。也就是说，在实际会话中，脱离准则的现象并不少见，而且，即使多少有一些偏差，也不会因此导致对话破裂。

那么，为什么尽管违反了准则，对话还是能顺利进行呢？那是因为，会话的参加者都遵循一个前提，即会话合作原则，因此当对方的发言违反了会话的准则时，我们会考虑到这种违反有什么理由，并努力弥补与准则的偏差继续进行对话。

比如，几个人在谈论周末的安排时，一个人说“那我们去海边”，另一个人说“已经 8 月下旬了啊”。后者的发言并不是直接回答前者的提议，也有可能是不知道对话进行到哪儿了，突然插话，但一般来说，我们会根据上下文和背景知识，尝试将后者的发言与前者的提议相关联起来进行解释。这样一来，我们就会联想到背景知识：8 月下旬的大海波涛汹涌，海蜇也出来了，不适合海水浴。进而从这一背景知识可以解释后者的发言中包含了“还是不要去比较好”的含意。

小知识

保罗·格莱斯（1913—1988）：英国哲学家、语言学家，以研究会话的准则而闻名。格莱斯致力于阐明字面意义和隐含意之间的关系。另外，人们表达的意义中隐含着非语义学意义，格莱斯使用“说话者意图”这个概念对其进行了说明。

偏离这些会话的准则，有时也会带来笑声。例如相声等语言艺术的有趣之处就在于所谓的“抖包袱”，“抖包袱”也有各种各样的种类，比如说，将话题朝着一个意想不到的方向发展而引来笑声的手法，与会话准则中质的准则及关系的准则等是相反的。如果在日常会话中做同样的事情，只会被认为是吹牛或自以为是，但在语言艺术中，因为观众也会预想到这一点，并将其解释为“抖包袱”，从而成为语言艺术。

从这样的例子可以看出，我们并不一定会按照字面去解释说话的意思。当然，每句话都有字面上的意思，所以在语言学上会按照字面意思和其他意思来区别研究。

研究字面意思的领域称为语义学，研究非字面意义，即与会话场合相关的意义的领域称为语用学，因为“言外之意”有时也会出自与语言没有直接关系的背景知识，所以有的研究者认为语用学在语言研究中处于边缘地位。然而，即使脱离上下文来考察实际会话，也无益于我们理解实际的语言行为。因此，也有人认为更应该重视语用学。

这些不同的想法与语言学应该以什么为目标密切相关。索绪尔主张，语言应分为“语言”(langue)和“言语”(parole)两部分，语言学必须研究“语言”。这里所说的“语言”，是指共用同一语言的语言共同体的成员关于该语言所共有的知识，与此相对，“言语”则是指语言共同体的各个成员的实际语言行为。

的确，“言语”因人而异，另一方面，如果没有作为共同知识的“语言”，就无法形成交流，从这一点上说，索绪尔主张的首先必须研究“语言”是值得肯定的。另外，20世纪后半叶代表性的语言学家乔姆斯基也认为，语言学的研究对象不是实际的语言运用，而是个人天生具有的语言能力。

实际上，要运用语言，首要的前提是，个人具备相应的能力，所以研究语言能力的重要性是不言而喻的。但是否因此，就没有必要研究索绪尔所说的“言语”和乔姆斯基所说的语言运用了呢？语言虽然在慢慢地变化，然而无论是作为共同知识的“语言”，还是天生的语言能力，一旦掌握的东西就不会轻易改变。语言的变化是以实际语言行为中发生的变异为契机的。因此，作为语言学不应该忽视实际的语言行为。

然而现状是，因其多面性，实际的语言行为的研究并不充分。

小知识

语用学：语言学的一个领域，发展于20世纪后半期。研究与语言运用相关的各种问题，如语言表达与使用该语言的人，或与使用该语言时上下文之间的关系等。在处理语言表达的意义这一点上，它和语义学的区别并不明确。

言灵、雄辩术

语言有各种各样的用途，不仅仅是用来传达信息。在传达信息的时候，语言很少只局限于知识共享，虽然共享的知识常常会联系到下一个行为上，但其实语言的其中一个用途，便是更直接地和行为联系在一起。比如说，我们互相问候，在问候中使用的语言表达本身几乎没有意义，因此，可以说问候是行为本身。另外，也有像言语行为那样，将委托、命令、约定等话语和行为组合在一起的情况。

另一方面，语言也能影响人的心情。自古以来，人们总是互通书信，但大多数私人信件并不是以信息交换为主要目的。

当我们收到了家人、恋人、亲密的朋友的来信，会单纯地感到高兴，让对方产生这样的心情就是语言的力量。

将打动人的力量升华到艺术领域，就成了文学。然而，语言给人的心情带来的影响并不一定都是好的。同样是信，如果收到诽谤中伤或恐吓的话，谁都无法心平气和。原本，就像日本所说的言灵一样，认为语言中蕴含着精神力量的文化也不在少数。为了避免由语言带来的灾难而出现的忌讳词也是基于这种观念产生的。如果说是迷信也就罢了，但可以说正因为语言会影响人的心理，所以人们才会产生这样的观念。

另外，语言有时也用于说服对方、主张自己的意见。这种情况下，对方可能会反驳，为了让对方接受自己的观点，有必要事先考虑说服对方的策略。当然，这一观点必须展现出逻辑上是明确的，客观上是妥当的，同样内容的观点，如果表达方法不佳，就失去了说服力。

特别是在很多人面前演讲的时候，需要有吸引听众的技巧，这种技巧被称为雄辩术。

古今中外，政治家中有很多能言善辩的人物。如果不获得人们的支持，就无法进行政治活动，政治家当然会雄辩，但也有只会雄辩，发言没有实质内容的政治家。另外，政治家说的话并不是什么都正确，如果被对方的巧舌如簧迷惑而无法冷静判断观点是否正确，就会像容许希特勒势力抬头的战前德国那样，导致严重的后果。

小知识

言灵：在日本，自古以来，人们相信语言是和事物相通的（注：日语的“言”与“事”读音相同），而发出声音会对现实事件产生影响。这种想法反映在《古事记》的插话和神道的思想上。印度的曼陀罗（真言）中也有同样的习俗。

在这个社会上，不只是政治家，还有不少人施展口才进行欺诈。也就是说，语言也可以被恶意使用，成为煽动或欺骗他人的手段。在语言被滥用的情况下，我们并不容易看穿。人本来就会撒谎，但在普通的人际关系中撒谎往往很快就会败露。然而，如果对方是以谎言为职业的人，即使被骗也不足为奇。兼听兼疑是一件悲哀的事情，但是为了保护自己也是没有办法的。本来，如果对方表现出形迹可疑的话，我们也会警惕，但如果不是这样，我们肯定会放松警惕。从这个意义上说，如果我们值得信赖的信息源在传播虚假信息，其影响会非常大。

在一些国家，人们认为政府及公共机关是值得信赖的。事实上，在这些国家，几乎不会有明显的虚假信息传播，但我们也不能断定一定就不存在故意隐瞒一部分信息等情况的操作。另外，报纸、电视等媒体也受到了人们的信赖，但也并非完全没有误报和虚报。因为宣传媒体在短时间内会向很多人传达信息，所以个人或团体如果受到误报或虚报的影响，就很难挽回损失。

近年来，个人也可以轻易地在网上发布信息了。这是信息大众化方面划时代的创举。关于是否能信任信息发布者众说纷纭，那些发布的信息也是良莠不齐。其中也有明显虚假或包含恶意的情况。

另外，在网络社会中可以匿名发送消息，因为和收信人的物理距离无关，可以随时发送，所以对特定的收信人进行诽谤中伤的情况也不在少数。但是，即使是虚假的信息或毫无理由的诽谤中伤，一旦在网络上流传开来，也无法收回，这可以说是网络社会不好的一面。

迄今为止，人们向社会发布的信息也并非全部正确。虽说如此，在通过网络发布消息变得普遍之前，大多数情况下，信息发布者只限于该领域的专家，所以保持了一定的准确度，而且由于编辑的关系，信息发布者本身也受到管束。另外，造谣中伤也不是现在才开始的，正因为不能明着说出来，人们才在背地造谣，这和网络上的诽谤中伤情形是不一样的。

网络确实很方便，每个人都有可能成为信息的发布者，我们有必要认识到，所发布的信息具有前所未有的巨大影响力。

小知识

雄辩术：这是一种以缜密的推理过程为基础，通过口才吸引并说服听众的技巧，在欧洲自古以来就被视为知识分子阶级应具备的教养之一。有名的著作主要有古希腊哲学家亚里士多德（前 384—前 322）所著的《辩论术》。

专栏

察言观色

有一段时间人们经常用 KY 来表示不懂察言观色，在日语对话中，经常需要观察氛围，见机行事。[注：ky 是‘空気を読まない’的罗马音缩写，分别取“空気”（KUUKI）和“読まない”（YOMANAI）的首字母组成。]

那么，所谓的“空気を読む”（注：察言观色），从语言学上来说是怎么回事呢？

首先，我们来试着考虑一下这个表达与格莱斯的会话准则的关系。在会话准则中，与察言观色有关的是关系准则。因为关系准则是“不能说和话题无关的话”。

单纯只是说了与话题无关的话，并不会被判定为“不懂察言观色”，缺乏对他人的考虑才是问题所在，破坏现场气氛的发言就会被认为是“不懂察言观色”。

那么，对他人的考虑是什么呢？所谓考虑，比起对话的内容，更应关注的是对话中的感情，要将它用语言学来公式化并不容易。这种情况不仅限于日语，特别是在会话中，因为感情会和信息一起传达，所以当然也有必要对感情进行研究。但是迄今为止在语言学中，这部分研究还是处于边缘状态。

另外，就像人们经常说的“沉默是金”“不说为妙”那样，有时候也存在不说出口为好的情况。的确，虽然语言学首先必须把说出来的语言当成研究对象，但是也有必要对沉默所具有的意义进行考察。

07
观察文字的语言学

楔形文字、象形文字、形声文字

如果说语言没有文字也能形成，人们可能会感到意外。但是，如果追溯到可能是文字起源的图画文字，文字的历史也许会更悠久。说到真正的文字，据说5500年前在美索不达米亚地区出现的楔形文字和5000年前在埃及诞生的象形文字是两种最古老的文字。

因此，如果人类获得语言能力是在10万年前，那么人类语言的历史中有九成以上是和文字无关的。现在，虽然没有文字书写习惯的语言已经大大减少，但是在非洲、美洲、大洋洲等地现在依然存在，另外在很多社会中，即使具备用文字书写的语言，也有很多人无法读写这种文字。

没有文字的社会给人落后的印象，但是在西班牙人入侵之前，在南美以繁荣自豪的印加帝国也没有文字。从世界范围来看，日语用文字书写虽然较早，但在飞鸟时代，汉字从中国传入之前，日本也是没有文字的。当然，在没有文字的社会中，语言的交流是口头进行的。由此可知，对于语言来说不可或缺的是语音，而不是文字。

虽然没有文字，语言也能形成，但不可否认，没有文字会有各种各样的不便之处。现在，我们可以录下声音，在不同的地方、不同的时间播放，但是在这种技术发展之前我们是无法保存声音的。因此，除了记下由该声音传达的内容以外，没有其他办法。另外，由于自然声音的传达范围有限，所以我们不能和远处的人直接对话，只能像传话游戏一样通过人来传达。

在这样的情况下，我们不可能向许多人传达正确的信息，而且，因为从上一代往下一代传达经验很困难，所以很难积累经验。这些困难如果有文字的话基本上可以解决，因此，文字对于语言来说虽不是不可或缺的，但也可以说是非常有用的。

那么，文字是怎么产生的呢？

语言最终是声音的连续，要将声音用文字来表示的话，一个声音对应一个文字就可以了。实际上，所谓的字母就是这样将声音转换成文字的。但是，在文字历史中较后期才开始使用像字母那样的文字，因为人们认为，声音没有意义，所以要产生用具体的形式来表现它的想法是相当困难的。

实际上，众所周知，如果我们追溯字母的由来的话，最终会发现图画文字。也就是说，文字的起源是以将像动物那样表示具体概念的单词描绘成图画为开端的。不久，当人们发现这样的图画文字很方便，用图画来表示的概念渐渐增加，文字也增多了。

然而，这里产生了一个问题，那就是像抽象概念那样难以用图画表示的概念怎么办？另外，即使是具体的概念，如果表示它们的文字不断增加的话，区别图案也会变得越来越困难。

因此，重新考虑图画文字和它所表示的概念的关系，人们就可以发现表示这个概念的单词有特定的发音。这无非是图画文字以概念为媒介，与特定的发音结合在一起。表达抽象概念的单词同样拥有特定的发音。而且，这个发音和表示具体概念的单词所具有的发音应该有一部分是共通的。这样的话，在用文字表示抽象概念的情况下，不是用与该意思相符的图画来表示，而是将表示具体概念的单词所使用的文字按照各自的发音组合起来，变成表示抽象概念的单词的发音即可。这样文字才第一次和发音联系在一起。

话说回来，说到图画文字，我们可能会想到埃及的“象形文字”（hyeroglife）。但是，埃及的象形文字绝对不是图画文字。因为象形文字的一部分不是表示根据该图案所预测的概念，而是表示特定的声音。另外，中国的汉字也是从图画文字发展起来的，但汉字本身并不是图画文字。因为，就像表示意思的部分和表示发音的部分结合在一起的形声文字一样，汉字也有特定的字形不是表示特定的概念，而是表示特定的声音的情况。

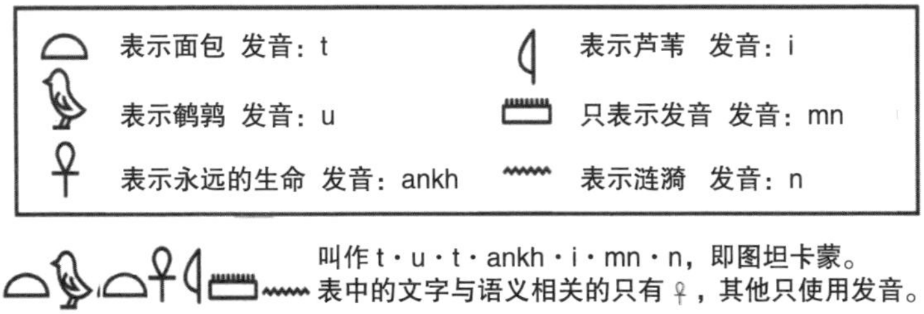

从表义文字到表音文字（以象形文字为例）

另一方面，一旦文字和声音结合起来，文字就会朝着专门表示声音的方向进化。文字表示概念的时候，需要某种程度的形象化，所以字形只能变得越来越复杂。从埃及的象形文字和汉字就能看出这一点。与此相对，如果文字只是表示声音的话，只要能区分文字之间的区别，就没有必要使用复杂的字形。结果，就像我们在字母表中看到的那样，字形简单，一个字一个字分别表示特定声音的表音文字就发展起来了。

小知识

形声文字：汉字造字法的六书之一。由两部分构成的汉字，一部分表示意思，另一部分表示发音。例如，“江”这个汉字左边的“氵”表示是与水有关的文字，右边的“工”表示这个汉字的发音。汉字大部分是形声文字。

接受汉字、平假名、片假名

拥有文字的语言几乎都是以单一的文字体系来记载的，组合使用汉字、平假名、片假名、罗马字四种文字的日语可以说是世界上独一无二的语言。

但是，明治以后，日本反复出现提倡废止汉字的呼声。很多人认为，汉字不仅文字多，字形也复杂，书写也要花时间，另外，由于汉字圈以外的人很难学会汉字，所以汉字甚至被认为是最难书写的文字。

这其中有几个问题虽然在文字处理机问世后得到解决，但是学习汉字对于外国人自不必说，对日本人来说毫无疑问也绝不容易。另一方面，拥护汉字派主张：“如果废除汉字，用平假名或罗马字来标记日语的话，那简直太难认了。”

难认也许只是一个习惯的问题，然而，假设全部都用平假名书写，不像英语那样把单词分开写的话，的确会难以区分，最重要的一点是，无法像汉字那样，只看一眼就能大致估计出内容。另外，汉字和平假名混合书写的方式是与语法上的区别对应的，即名词、动词以及形容词使用汉字，助词、助动词及动词、形容词的活用词尾使用平假名书写。因此，我认为似乎没有必要强行改正。

当然，汉字数量庞大，有必要在一定程度上限制其使用。实际上，常用汉字被规定为日常使用汉字的标准。不过，也有很多批判意见认为，到底哪些汉字包含在常用汉字中，其基准很模糊。即使以简明、使用频率高为基准，哪个汉字简明、浅易是一个主观性的问题，同时，使用频率也会因领域而异，所以很难得到一个客观的数字。而且，最近因为文字处理机的普及，也有像「憂鬱」的「鬱」一样，手写起来很难，但实际上又是常见的字，关于如何处理这些汉字有各种各样的意见。

另外，汉字中也有很多字拥有多个字形，我们日常使用的是新字形，与此相对，也有保留旧字形的汉字，在这方面如何统一处理也是一个难题。例如，部首的“走之底”在新字形中只有一个点，在旧字形中有两个点。另外，像“体”和“體”、“辨”和“弁”这样新旧字形相差甚远的情况也不在少数。

虽然围绕着汉字也有各种各样的问题，但是汉字作为标记日语的文字来说，可以说是非常方便了。然而，汉字原本是用来表示汉语的文字，并不是一开始就是适用于标记日语的文字。

因为一个汉字几乎相当于一个单词，所以对于像汉语这种没有词形变化的语言来说，汉字是一种方便的文字。但是，在日语中，既有动词和形容词等活用的单词，也有汉语中没有的“が”和“を”等助词，如何书写这些词汇是一个问题。现在这些词汇是用平假名来书写的，但是在飞鸟时代汉字从中国传入的时候，平假名还没有出现，所以当时也只能用汉字来标记。

人们注意到汉字在表达意思的同时也能表示发音，开始以假借字的形式来表示活用词尾和助词，如将“が”用“我”来表示。原本在日语中存在的名词、动词、形容词的词干，即使在汉语中有意思对应的单词，发音也自然是不一样的，所以不能单纯地用相同的汉字来表示。因此，当时都是使用假借字，例如把“春”写成“皮留”。也就是说，来源于汉字的最初的日语标记只是汉字假借字的罗列，完全没有活用汉字所具有的意义，是非常难读的替代品。

《万叶集》原本也是如“安乎尔余志奈良能美夜古尔”（注：意为美丽的奈良）一样，全部用汉字写成。之后，涉及名词、动词、形容词的词干，如果有与汉语对应的单词，就用相同的汉字表示，并改变读法（训读）。最终，《万叶集》的书写也像“御津乃濱松待戀奴良武”（注：日本奈良时期初代歌人山上忆良随遣唐使来中国期间之作，意为“大伴御津岸边的青松在等着我们归去”）那样变得相当易读。但涉及活用词尾和助词，依然用汉字进行了标记。

然而，活用词尾和助词只需从文字中分辨发音即可，不需要复杂的字形，因此，字形逐渐简化，不久进入平安时代，日本借鉴汉字的草书体创造出了平假名，借鉴汉字字形的一部分创造出了片假名。就像这样，从汉字传入以来，经过数百年的时间才形成了现在的标记法基础。

另外，现在片假名是用来标记外来语的，但原本并非如此。由于平假名适合用毛笔连续书写，所以它主要是以宫廷为中心，用于文学领域。另一方面，片假名也可以写在狭窄的间隙，在训读经典等汉文时很方便，因此主要在佛教界和学术界使用。由于字形简单，明治以后的教科书，也大多优先采用片假名，到了战后，片假名才专门用来表示外来语。

小知识

万叶假名：不管汉字所代表的意思，将日语的一个一个的音节，用具有相似发音的汉字来表示的标记法。除《万叶集》外，在《日本书纪》和《古事记》中也有使用。来源于万叶假名的标记是通过汉字音了解古代日语发音的重要线索。

わ 和	ら 良	や 也	ま 末	は 波	な 奈	た 太	さ 左	か 加	あ 安
ゐ 為	り 利		み 美	ひ 比	に 仁	ち 知	し 之	き 幾	い 以
	る 留	ゆ 由	む 武	ふ 不	ぬ 奴	つ 川	す 寸	く 久	う 宇
ゑ 恵	れ 礼		め 女	へ 部	ね 祢	て 天	せ 世	け 計	え 衣
を 遠	ろ 呂	よ 与	も 毛	ほ 保	の 乃	と 止	そ 曽	こ 己	お 於

ワ 和	ラ 良	ヤ 也	マ 末	ハ 八	ナ 奈	タ 多	サ 散	カ 加	ア 阿
ヰ 井	リ 利		ミ 三	ヒ 比	ニ 仁	チ 千	シ 之	キ 幾	イ 伊
	ル 流	ユ 由	ム 牟	フ 不	ヌ 奴	ツ 川	ス 須	ク 久	ウ 宇
ヱ 恵	レ 礼		メ 女	ヘ 部	ネ 祢	テ 天	セ 世	ケ 介	エ 江
ヲ 乎	ロ 呂	ヨ 与	モ 毛	ホ 保	ノ 乃	ト 止	ソ 曽	コ 己	オ 於

平假名、片假名的构成

03 怎样使用文字——限制和选择

围绕汉字的各种问题

漫步街头有时会看到奇怪的书写。例如，荞麦面店的门帘上写的文字既不是“そば”（注：荞麦面）也不是“荞麦”。在祝贺开店等的花环上，不是“× × 先生へ”（注：致某某先生），而是“× × 先生江”。这些文字是平假名的一种，被称为变体假名。

平假名原本是汉字演化而来。比如，“そ”来源于“曾”这个汉字，为什么是“曾”呢？因为这个汉字的发音是“そ”（so）。但是，还有其他发音为“そ”的汉字，不能使用那些汉字并没有什么理由。实际上，荞麦面店的门帘上写的相当于

“そ”的文字是来源于拆分的“楚”字。也就是说，平假名中存在着与我们现在使用的字形不同的文字。

片假名原本也是汉字，最初和平假名一样，同一发音存在多个字形，但是不久就统一了，与此相对，平假名大多数的笔画是曲线条，因为重视作为书法的美感和变化，就会出现例如同一个人写的一篇文章中也有多个字形等这样的情况，所以很长一段时间字形没有固定下来。话虽如此，要表达同一个“そ”的发音却有多个文字的确很麻烦。因此，主要出于教育上的考虑，明治后期以后，都统一成为一个字形。所以我们只会在商店的门帘等特定的地方看到变体假名。

在历史更悠久的汉字中，也存在着各种各样的字形。但是，因为这样很不方便，所以在文部科学省（注：相当于中国的教育部）制定的常用汉字表中也规定了汉字的字形。然而，由2136个字组成的常用汉字表只是限于与汉字使用相关的标准，并不禁止使用表中没有的字形。

例如，“吉”字上面两横，标准上虽是上面的横写得更长，但下面的横也可以写长。然而，如果在电脑上处理汉字的话，就会产生其他问题。在电脑上，即使只是横的长度等细微的差别也会被认为是别的文字，所以不同的字形必须分别作为不同的文字进行记录。而因为汉字本身数量就很庞大，所以无法按标准配备全部的字形。因此，字形不同，可能会出现因为电脑上的限制而无法使用的情况。

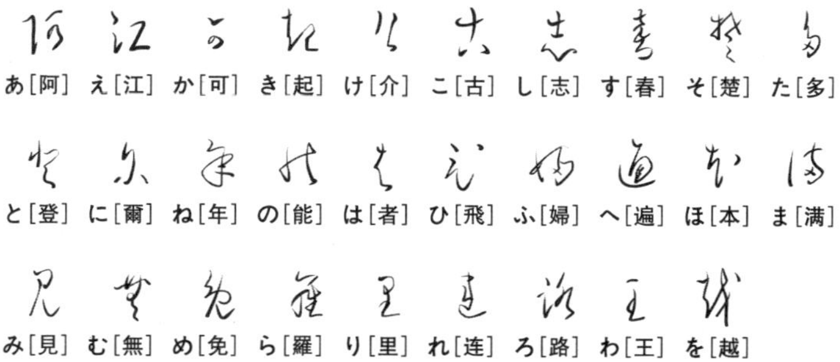

主要的变体假名

另外，关于汉字的字形，在中华人民共和国成立后，中国为了提高识字率，开始使用简体字（包括中国台湾地区的繁体字），形成了日本、中国（包括中国台湾地区的繁体字）三种不同的字形并存的现状。

比如，“広”繁体字是“廣”，简体字是“广”，另外，“机”在中国简体字中的意思等同于日语中的“機”。

既然这些问题是汉字的数量过多造成的，那么出台限制能使用的汉字的范围不就好了吗？然而并没有那么简单。例如，在日本，虽然常用汉字表作为基准，但是使用表中没有的汉字也没有特别的处罚。因此日本另行规定了由 2767 个字组成的人名用汉字，如果将范围外的汉字用于人名的话，政府机关就不会受理出生申请书。虽然限制的初衷是因为名字太复杂会给社会生活带来困扰,但是围绕这个限制的合理性也引起了争论。

名字当然也必须确定读法，但实际上关于读法没有任何限制，只要是来自人名用汉字，不管怎么读，政府机关都会受理。复杂的汉字也许会影响社会生活，但是普通人不会读的名字使用起来更不方便。

关于人名，正如把“德仁”读成“なるひと”（注：音 naruhito）一样，日本历来允许各种读法广泛存在，要限定在常用汉字表中规定的读法也是很难的。也有人认为名字本来是家庭的问题，不应该被别人说三道四。但是，名字会跟随我们一生，所以应该还是避免过于古怪。话虽如此，但也有像小说家森鸥外这样的例子，森鸥外因为想给孩子起外国人风格的名字，比如奥托、安妮、弗里茨，所以借用汉字命名为“於菟”“杏奴”“不律”。

原本日语中一个汉字就有各种各样的读法。这是因为日语在引入汉字的过程中发明了训读，训读只要与汉字所表示的意思对应就可以了，所以很多读音也通过汉字结合起来。实际上，汉字的读法对于包括汉字的鼻祖——汉语的使用者在内的日语学习者来说都是一个难题。

表示汉字的读法有假名注音的方法，这也是日语独特的习惯。因为大部分语言只有一种文字，所以无法用该语言的另一种文字进行标注。汉字上会标注多少假名，是根据对应的读者文化水平而异的，但一般来说，注音假名太多的话，不便于阅读。注音假名太多的情况下，我们就需要换成其他表达。但是，注音假名也有更积极的用法。这在文学作品、漫画、歌词等中很常见，如写作“曲线”，标注“カーブ”，写作“阴影”，标注“かげ”，在这种情况下，比起单独使用原词，更能给人丰富的想象。但是，如果过度使用这样的用法，就像写作“骑士”读作“ないと”（注：英语骑士 knight 的日式读音）的名字一样，很难被社会接受。

小知识

简体字：汉字的缺点是笔画过多，在日本虽然也使用简化旧字形的新字形，但是中国的简体字除了字体的简化外，还用同音的“谷”代替“穀”，实现了更大胆的简化。

04 颜文字属于文字吗？

网络上的交流

日语使用汉字、平假名、片假名，有时也使用罗马字书写。

但是，近年来人们又开始使用新的文字了。那就是在网络上的交流，即在邮件、论坛、聊天等中使用的颜文字。当然，虽然不用颜文字也可以进行交流，但是在年轻人，尤其是在年轻女性之间，颜文字是信息交流的重要部分。

那么，这个颜文字和以前的文字有什么不同呢？另外，颜文字可以称为文字吗？

文字作为记录语言的手段非常有效，语言的基本媒介是声音，因此文字是以声音为前提的。换句话说，不管是什么文字，原则上文字都必须能够发音。的确，如果追溯现在世界上使用的各种各样的文字，其历史都可以追溯到图画文字，在那个阶段文字未必明确与发音结合。

但是，由于能够用图画文字表示的概念是有限的，所以文字逐渐不再是图画所表示的对象，而是与表示该对象的单词的发音相对应，字母、平假名、片假名等表音文字变得只是单纯地表示发音，而汉字不仅有可以让人联想到具体对象的字形，也可以表示发音。

说到颜文字，大多数情况下都与发音不对应。因为很多颜文字并不是对应着具体的单词。

那么，颜文字起着怎样的作用呢？

在颜文字登场之前，我们在将会议记录、采访、座谈会的对话写成文字的原稿时，为了补充说明当时的状况，使用了（笑）和（拍手）这样的标记。这种表达在二战前就已经出现了，因为可以简单地传达情况，所以应用范围逐渐扩大，人们开始使用（泪）、（汗）或者（爆笑）这样的表达方式。这样的标记，都是以口头交流为前提，传达着常规的文字标记无法传达的现场气氛。

这里需要注意的是，使用颜文字的场合是通过网络上的文字进行的交流，具有接近口头交流的性质。

小知识

表音文字：与汉字那样的表意文字不同，是只表示发音的文字。但是，根据发音的变化，有时也不表示实际的发音。可以分成像字母那样对应音素的音素文字和像平假名那样对应音节的音节文字。

例如，从时间上的及时性来看，比起传统书信，邮件具有更便捷的性质，我们可以明显看到年轻人，尤其是女性之间经常使用邮件进行交流。这和这一年龄层使用颜文字的情况较显著不无关系。

当然，虽说邮件的交流和电话的性质相近，但两者当然也有不同。打电话时因为一系列的对话在时间上是连续的，所以有时也会感情用事或说漏嘴。发邮件的时候，你来我往的交流之间多少会有一些时间间隔，所以一般不会出现这种情况。另外，电话的对话中，可以通过声音的语调和间隔等信息直接相互把握对方的反应，而在邮件中，窥探对方反应的线索只有文字。

在电话中声音的语调和时间间隔等传达的信息，在邮件中如果也能用某种手段传达的话，这样的缺点就会被消除。也就是说，实现了这个功能的就是颜文字，颜文字具有传达对话气氛，使对话更加顺利的作用。

如上所述，颜文字可以说是随着网络上的交流越来越盛行而产生的表达手段。但是，电脑的普及只有二十多年，手机和网络的大众化时间更晚，网络上交流的历史还很短暂。再者，随着技术进步，网络上的交流环境也在迅速变化。

颜文字本身是在终端显示功能受到制约的时代遗留下来的，由所谓的 ASCII 文字组合而成，现在终端的显示性能大幅提高，颜文字所发挥的功能有一部分也将被丰富的图形文字所代替。

另外，在网络论坛等一部分环境中，颜文字与其说是为了使交流顺利进行，不如说是作为包含揶揄和侮蔑信息的手段在使用。

正因为网络上的交流发展迅速，所以代际之间存在着显著的不同。对于只在工作中使用邮件的一代人来说，邮件就像文字所示，只不过是电子邮件，是能快速送达的邮件而已。

(^_^)/	**你好**	(^_^)/~~	**再见**
(^_^)	**笑**	(^_^；	**苦笑**
(T_T)	**哭**	(>_<)	**对不起**
m(_ _)m	**道歉**	orz	**颓丧无力**
＼(^o^)／	**万岁**		
^q^)	**看上去很美味（实际上是歧视语）**		
(*´Д`)ﾊｧﾊｧ	**兴奋**	ｷﾀ━━━(ﾟ∀ﾟ).━━━!!!	**喜悦**
(#ﾟДﾟ)ｺﾞﾙｧ!!	**愤怒**	www	**笑（嘲笑）**
(´_ゝ`) プッ	**嘲笑**	m9(ﾟ∀ﾟ)ﾌﾟﾌﾟｯ	**蔑视**
m9(`∇´)ｻﾞﾏｰ	**蔑视**	m9（＾Д＾）プギャーーーッ	**蔑视**

颜文字的例子

因此，颜文字和图形文字对他们来说完全没有用处。

不管怎么说，关于网络上的交流还没有明确的规范。根据领域和交流的方式，各自存在着本地规则，但这并没有得到相关人员的一致认同。事实上，规范的存在的确会妨碍交流的自由，但网络交流作为维持社会关系的行为，必须在一定程度上遵守规范。今后我们也有必要关注表达方式的进一步革新与规范化导致的过时之间的矛盾走向。

08
讲述“文化”的语言学

萨丕尔－沃尔夫假设

我们人类用语言思考。因此，我们的思考被语言所支配，如果使用的语言不同，思考的内容也不同，这种观点自古以来就有。其中特别著名的是人类语言学者萨丕尔及其弟子人类学者沃尔夫所主张的“萨丕尔—沃尔夫假设”。从语言决定思考的意义上来说，我们把它叫作语言决定论，从思考内容被语言所影响这一点来看也被称为语言相对论。

的确，各个语言中存在的单词在它们所表示的概念中不一定是一一对应的。比如说，日语中表示雨的种类等自然现象的词汇比其他语言丰富。不过，这并不是因为只有日语特别，既然有必要单词才会存在，那么根据使用各自语言的地区的自然环境和使用该语言的人们的职业，无论哪种语言在特定的领域都会有更丰富的词汇。

另一方面，也有人指出，即使是在表达同样的事情的时候，语言不同，想法也不同，人们会根据语言，使用不同的表达方式。比如，在指路的时候，日语会说“左に曲がると郵便局があります”（注：向左拐就有邮局），而英语中会用“You will find the post office on the left”这样，以人为主语来表达。

关于这些想法的不同，有人指出，英语是从行为的角度把握场景的“する”型语言，而日语是从事物状况的角度把握场景的“なる”型语言。像这样，虽然因语言不同会出现差异是事实，但仅因此就主张语言决定思考方式是否恰当呢？

的确，日语中表示雨的种类的单词可能比其他语言数量多。但是，其他语言通过补充词汇也能表现出下雨方式的不同。语言中事先就有能够清楚表达差异的单词，这正意味着人们频繁地提到过那些差异，所以也许可以证明日语使用者对下雨方式的差异曾经产生了兴趣。但是，如果我们根据这一点认为日本人的思考方法细腻，重视与自然的和谐，那不就是理论的飞跃吗？

另外，正如日语中的“なる”型、英语中的“する”型那样，根据语言的不同，喜好的表达类型也可能不同，实际上，这无疑是在跨文化交际中必须注意的一点。这一差异与其说是思考内容本身，不如说是到达思考内容的路径方式不同，所以认为语言不同，思考方式也不同的话，还是有些言过其实。总之，语言决定论只能在限定范围内成立。

小知识

爱德华·萨丕尔（1884—1939）：美国语言学家、人类学家。以研究美洲印第安语言和文化而闻名。根据这些研究，人们开始认为语言会影响使用者的思考，这种主张后来被称为“萨丕尔－沃尔夫”假设。代表作是《语言论——言语研究导论》（1921）。

当然，每种语言都有其表现上的特征，这是事实，尤其是萨丕尔和沃尔夫研究的美洲印第安人的各种语言，在语法概念层面上也与其他语言大不相同。例如，在穆斯科格语中，根据与说话时间点的时间间隔来区分四种过去形，而在尤皮克语中，像“这个”“那个”这样的指示词中，根据对象物是否在视野中，是否在动着或停止着等各种条件有着复杂的区别。

诚然，这种区别在我们比较熟悉的语言中是看不到的。但是，这样的区别是使用其他母语的人也可以想象的，如果想用其他语言来表示也是可以表示出来的。换言之，美洲印第安语与我们比较熟悉的语言之间的差异仅仅在于，语言里是否事先已经有了这样的区别，而并不是说，以美洲印第安语为母语的人们的思维方式是使用其他母语的人们无法理解的。

作为语言之间的差异，也经常用彩虹颜色来描绘。

例如，在日语中彩虹是七种颜色，但根据语言的不同，也有用六种颜色或者八种颜色来描绘的情况。另外，在非洲使用的巴萨语中，因为只有表示亮色（黄色系）和暗色（蓝色系）的单词，所以用于描绘彩虹的颜色就是两种。

假设在像巴萨语那样的语言中，不仅限于彩虹，所有事物的颜色都必须用明暗的其中一种来形容，那么语言确实会给人们对事物的看法带来很大的影响。但是，在巴萨语中只有表示明暗两种颜色的单词，这只限于基本词汇，即使是这种语言，通过补充单词也可以区分各种颜色，因此，过度强调彩虹颜色只有明暗两种颜色是错误的。

虽然表示颜色的单词数量因语言而异，但是关于基本词汇一般包括什么颜色，语言之间存在着共同的倾向。也就是说，一种语言中如果有相当于茶色的单词，那么一定也会有相当于黄色的单词，有相当于黄色的单词，一定会有相当于红色的单词，但是反之则不成立。

另外，即使表示颜色的单词数量不同，相当于红色的单词在任何语言中指的都是大致相同的颜色。这是因为用语言表示颜色的方法反映了人的视觉特性，无论哪个语言的使用者，视觉的存在方式都不会改变，所以语言之间出现共同的倾向是理所当然的，但是这也表明语言的多样性有一定的界限。

小知识

色彩词汇：关于各种语言的基本颜色名称，布伦特·柏林（1936—）和保罗·卡伊（1934—）在1969年的研究“Basic Color Terms”很有名。日语的基本颜色名称是“黑”“白”“红”“青”四种颜色，只有这四种颜色有“黑的”等形容词、“黑黑的”等副词用法。

濒危语言、死语

据说世界上大约有 6000 种语言。但是，国家的数量只有 200 个左右。这表明在一个国家中使用多种语言的情况并不少见。

另外，如果把世界上的人口除以语言的数量，每种语言的平均使用者约为 100 万人，考虑到汉语使用者就有十几亿人，像英语、西班牙语这样使用者以数亿人为单位的语言也不在少数，说明世界上既存在着有很多人使用的语言，也存在着使用人数非常少的语言。事实上，世界上也有不少语言的使用者只有数百人、数十人。语言原本是交流的手段，极端地说，如果使用者数量过少就无法作为语言成立，但是在地理上隔绝的村落里，在数百人、数十人孤立生活的情况下，数百人、数十人规模的语言也能成立。

但事实上，如今交通、通信手段发达，小规模的共同体要在全球化的世界里过着自给自足的生活越来越困难。当组成了更大的生活圈，成员之间需要沟通的时候，共同语是必需的，只有一部分成员能沟通的小规模语言失去了交流手段的功能。

当然，语言不仅仅是交流的工具，说该语言的人们承载的文化也不能离开语言而存在。即使作为交流手段的价值下降，作为文化认同的源泉也继续保有重要的价值。

但这里的问题是，即使是文化认同的来源，要维持在实际生活没有作用的语言也不是一件容易的事。现在，在稀有语言的共同体中，父母那一代人不愿把维持失去实用价值的语言的负担强加给孩子这一代，而更倾向于让孩子学习在社会上更有用的语言。

因此，随着世代交替，处境相同的很多语言失去了支撑，濒临消失。人类获得语言以来，语言逐渐分化，其数量不断增加，但以国家的成立为契机，随着社会的整合，语言的数量开始减少，特别是近年来，语言的发展速度加快，实际消失的语言也很多。

濒临消失的语言被称为濒危语言，以联合国教科文组织为首，各种机构和组织都致力于保护濒危语言。

小知识

濒危语言：随着全球化的进展，稀有语言的衰退也在加速进行，人们认为今后 100 年间 50% 的语言、根据情况甚至是 90% 的语言会消失。随着语言的消失，人类的文化多样性将面临危机。

语言如果没有人使用就会变成死语，一旦成为死语就很难复活。即使外部的机构和组织无视当事者的意愿，强制他们继续使用濒危语言，也不会有成果。因为濒危语言的使用者不能只靠这种语言来维持社会生活，所以也不得不同时使用其他语言，很有可能因此负担过重。最终，除非当事人为了守护自己的身份认同，而意志坚强地致力于保护濒危语言，否则这种语言就会濒临消失。外部的人能做的事情，也只是支援当事者的行动，以及在语言真正消失之前将该语言的现状记录下来而已。

某些语言虽不至于消亡，但受到被视为在社会上更加有用的语言“威胁”的情况，在世界各地都有发生。例如，在美国的西班牙语移民中，大多数情况下，只会西班牙语的第一代人希望子女掌握英语。这是因为，即使西班牙语在世界范围内是一门大语言，在美国也被视为没有用的语言，如果不会英语，就不可能有更好的生活。在全球化社会中，整体倾向是势力大的语言越来越强大，而弱小语言则逐渐弱化。

这其中，英语的渗透程度惊人，在很多国家中，英语的权威性超过当地语言，如印度、菲律宾等英美的旧殖民地国家，而且与原本以英语为母语的人口相比，日常使用英语的人口要多得多。从这一点可以看出，事实上，英语逐渐占据了国际语言的地位。

但是，作为国际语言的英语和以英语为母语的人的英语并不一样。从英语母语者的角度来看，作为国际语言的英语发音和语法都显得过于正确。但是，作为国际语言的英语是交流工具，而不是身份认同的源泉。因此，与作为母语的英语不同也是理所当然的。

从母语者的数量来看，日语是世界上为数不多的大语言，但因为通用范围几乎局限于日本，所以缺乏成为国际语言的必要条件。因此，在承受英语压力这一点上日语也有同样的处境。

如今我们很难想象日语已经消亡的情况，虽然目前我们应该不至于面临不会英语生活就很困难的窘境，但是能熟练使用英语的日本人会增加。到那个时候，也有可能通过说国际语言，产生国际人这种新的身份认同，但是只要使用日语，日语就是日本人身份认同的源泉，这一点是不会改变的。

小知识

语言权：在公私双方的领域，把每个人能够自由选择用于意思沟通的语言的权利称为语言权，在国际人权规章中，特别强调不得否定语言上的少数民族使用其固有语言的权利。

第一人称、第二人称、敬语

要恰当地运用语言，并不是单纯按照会话的准则就可以的。首先，在公共场合和私人场合，措辞自然就不一样，有必要根据场合选择适当的文体。

越是官方场面，方言和俚语越难得到认可。另外，除了根据场合的文体差异之外，根据性别、年龄、身份等说话者的属性，也分别规定了恰当的措辞。这是因为无论在什么样的社会，每个人或多或少都会因各自的角色在社会秩序中定位，措辞是与服装等一起向他人明示自身角色的手段之一。

因此，如果使用违反社会角色的措辞，即使意图传达给了听者，也会招致听者的反感和困惑，从而导致沟通无法成立。例如，不管程度有多大差别，无论在哪种语言中，男女的措辞都不一样。也就是说，虽然像“おねえ言葉”（注：日本男性同性恋者中的一部分人所说的夸张女性用语）那样，有些人会刻意用不符合自己性别的措辞来表达自己的主张，但一般来说，如果男性用女性的措辞，女性用男性的措辞，就是在冒天下之大不韪。

而且，有时也会根据会话参加者之间的相对关系来决定适当的遣词用语，和长辈说话时与和晚辈说话时需要改变措辞。另外，也要根据和对方关系亲密程度来改变措辞。在日语中，由于长辈、晚辈、亲疏而导致的措辞差异被体系化为敬语，是日语运用上的重要规范。

另外，说话人指代自己的第一人称、指代听者的第二人称，也需要根据与对方的关系选择适当的表达。比如，“お前”“君”“あんた”“あなた”（注：这四个词在日语中都是第二人称“你”，根据对象和场合区分使用）等，距离感各不相同。即使在日常生活中，可以自称“俺”（注：意思是第一人称“我”），在公共场合也不能使用，第一人称、第二人称也要根据场合区分使用。

日语原本就没有固定的代词表达，以像“爸爸”“妈妈”这样的亲属名称和像“老师”这样表示职位的名词为首，第一人称、第二人称的选择范围很广。小学老师和孩子说话的时候，老师不是自称“我”而是使用“老师”。另外，学生在和老师说话的时候，要使用第二人称“老师”。同样，在家里，父母和孩子说话的时候，也会称呼自己为“母亲”或“妈妈”，不会使用“我”等代词。还有，孩子称呼父母的时候，也会使用“母亲”或“妈妈”，不会使用代词来称呼。

小知识

敬语：说话人根据与听话人或话题人物的社会、心理距离选择的表达称为待遇表现，敬语也是待遇表现的一种，它分成表达对话题人物敬意的尊敬语、谦让语，表示对听话者敬意的郑重语及文雅用语的美化语。

在这种情况下，对晚辈来说，第二人称实际上就是“老师”和“妈妈”，所以没有问题，但是我们必须注意第一人称的这种情况，即站在作为晚辈的孩子的角度称呼的职位或亲属名称。也就是说，母亲对孩子说“妈妈”的时候，并不是指自己的“妈妈”。这种第一人称的用法体现了上级长辈的保护者意识，因此，一般只能在家人或晚辈是孩子的情况下使用。

比如，大学教授不会对学生称呼自己为“老师”。另外，路过的大人有时会对别人的孩子自称“叔叔”“阿姨”，这也是同样的现象。还有，父母对孩子说“叫爷爷”的时候，这时“爷爷”并不是说话人，而是对晚辈孩子来说的“爷爷”，这是把站在晚辈角度的第一人称原理扩大到第三人称中来使用的例子。

另一方面，上级称呼下级时，也可以用“君”“あなた”等代词，但也可以用“某某”“某某さん”“某某君”“某某

ちゃん”等晚辈的名字。使用名字有着拉近与晚辈关系的效果，因此，与用职位名词或亲属名称表示第一人称的用法有共通性。另外，名字有时也会作为晚辈的自称来使用，这意味着晚辈想要和父母等长辈建立亲密关系，会给人一种撒娇的感觉。

如上所述，日语中围绕上下级、亲疏的语言运用规范很烦琐，但即使程度和形态不同，在任何语言中都有这种情况。从某种意义上说，这样的规范可以说使沟通变得不自由了，但是语言本身就有着阻碍语言不同者之间交流，加强同一语言使用者之间团结的功能，可以说这样的规范也是维持社会秩序的一种手段。

这些规范是社会性的共识，即使违反也不会被处罚，但不可避免会在社会生活上受到不利影响。

然而，社会的现状也不是一成不变的，如果社会现状发生了变化，规范的存在方式也会发生变化。实际上，敬语的规范和以前相比也变得宽松了很多。从前，即使在家庭里，长辈和晚辈的秩序也是绝对的，普遍会使用敬语，但现在却没有这样的情况。学校里老师和学生的关系也不是绝对的上下级关系了。但是，也并不是完全没有规范了，因此，除了家庭和学校以外，在很多场合中，对上级、长辈使用哥儿们话是不被允许的。

社会语言学

虽说都是同样的日语，但由于各自语言经验的不同，实际使用的时候，每个人的遣词用句都不一样。这种因人而异的措辞叫作个人语型。

另一方面，语言中也存在着方言带来的差异。说到方言，首先浮现在我们脑海里的是各地区的方言，但方言并不只是这些。即使是同一个语言共同体，拥有不同属性的社会群体也会使用不同的措辞。

例如，根据性别不同，遣词用语也不同，我们也能看到不同年龄层的人措辞不同。但是，比起性别和年龄差异，对措辞产生更大影响的是每个人所属的社会阶层，我们把社会阶层所规定的方言称为社会方言。各自归属的社会阶层根据穿着等也能判断，不过，在使用社会方言确定的语言的情况下，光是听发音和措辞，就能判别说话人所属的社会阶层。音乐剧和电影《窈窕淑女》正是以阶级不同造成的语言差异为主题的。

虽说如今的日本社会贫富差距扩大了，但阶层间并没有明确的差距。因此，社会方言的差异也不是很明确，但日本在士、农、工、商的身份制度存在的时代，根据各自的身份应该使用的语言是有严格区分的。比如，同样是江户的居民，平民使用的是所谓的“粗鲁调”，与此相对，上级武士的语言是“高贵风”，两者使用了差异相当大的语言。

对应各种各样的社会阶层存在着各种各样的社会方言，但是这些社会方言并不具有相等的社会价值。无论哪种方言，都是在各个社会阶层中不可或缺的交流手段，这是不言而喻的，但是在他人如何评价各自的方言这一点上有着明确的不同。也就是说，社会地位高的阶层使用的社会方言会受到他人的高度评价，社会权威性也高，而社会地位低的阶层使用的社会方言反而会成为他人的轻蔑对象。

这种评价只不过是对社会阶层本身的评价，如果说无计可施也就罢了，但是对于社会阶层低的人来说，仅仅是说话就被当成傻瓜，这不是一件令人愉快的事情。因此，在社会阶层较低的人中，也有人会去模仿上层阶层的发音和措辞。虽然因为穿着打扮而暴露出来，可能会鸡飞蛋打，但是如果模仿上层阶级，也许至少不会因为语言而被轻视了。

小知识

《窈窕淑女》：这是百老汇上演的音乐剧，后来被拍成了电影。原作是乔治·伯纳德·萧（1856—1950）的戏剧剧作《卖花女》。原作讲述了语言学家希金斯教授教会平民区卖花女伊莉莎掌握上流阶级说话方式的故事。

但是，模仿上层也伴随着风险。因为使用特定的社会方言是说话人确立对特定社会阶层归属意识的手段，不使用该方言的话，可能会被排除在归属阶层之外。不使用自己阶层的社会方言，而使用上层阶层的社会方言，可以说是对所属阶层的背叛行为，根据情况的不同有时甚至会受到被全体社会阶层孤立那样的制裁。因此，很多人都忠实于自己所属阶层的社会方言，只要社会阶层本身不消失，社会方言就不会消失。

由此可知，语言除了作为交流工具，还有另一种功能。也就是说，语言不仅仅是促进交流的手段，也会成为妨碍交流的手段。

使用同样的语言可以互相交流，使用不同语言的人无法沟通。这样的话，和不想沟通的人有意识地使用不同的语言就可以了。这样一来，虽然沟通的范围会缩小，但是使用同一语言的人之间的团结也会加强。像行业用语一样，只有自己人明白的语言也会给人一种优越感。

总之，社会方言也用于丧失与其他群体的交流，加强归属于同一社会群体的人之间的团结。这种表现与年轻一代经常使用俚语等令大人皱眉的表达的现象是相通的。年轻人也有排除中老年人的交流方法，来维持自己一代人的团结。

但是，必须通过措辞来加强团结，反过来也意味着群体存在的基础并不一定牢固。实际上，年轻人并不会一直年轻，社会阶层也未必是固定的。

另外，在以上的语言行为中，我们也看到了性别带来的差异。一般来说，男性一般多会强调归属于自己所属的群体，故意使用粗暴或粗俗的语言，女性则相反，会努力表现出自己属于比本身所属群体更高级的群体。当然，每个人所采取的语言行为都有个体差异，但语言随着实际使用而变化，基于使用者的心理来研究语言行为当然也是语言学的研究对象，可以作为社会语言学的课题之一。

小知识

社会语言学：从属社会关系分析语言的语言学领域之一。对象涉及多方面，研究由说话者的属性引起的共同体内的语言的变异、共同语和方言、共同体中的两种语言使用问题、本国语言和公文用语等与语言政策相关的问题等。

“爷爷”这个名称也有理由

05 忌讳的语言——词语净化

歧视语、政治正确性

我们人类用语言表达自己的思想和心情。但语言是一把双刃剑，可以安慰人，也可以伤害人。例如，如果说了严重伤害别人名誉的话，就会被控损害名誉。但是，什么样的言论会损害名誉，其标准未必明确。如果是毫无根据的无稽之谈，当然会损害名誉，但如果是有一定事实根据的言论，就难以判断。

无论言论自由多么被认可，也不是无限制的，对于因过分言论而受到损害的人，给予反驳的机会、采取恢复名誉等措施也是社会的规则。

在网络上对他人博客等进行集中留言批判、中伤，即所谓的“言伤”，逼迫对方关闭的行为，在没有给对方反驳的机会这一点上来看，不得不说是具有强制性的。互联网因其匿名性使人们易于参与讨论，其结果是，促成了前所未有的非特定多数的双向且即时的讨论的形成，但另一方面，也造成了不负责任的言论泛滥，这些言论如果不是在网络世界，是不被允许的。我们受惠于网络是事实，现在也无法回到没有网络的世界，今后有必要彻底地讨论网络言论应该如何存在。

人们对他人发表的言论有时也会被认为是性骚扰、职权骚扰等。这种情况下，关于什么是骚扰，其标准仍不明确。既有公认相当于骚扰的言论，也有因人而异并不全认为是骚扰的言论，这种情况下，是否受到骚扰取决于当事人的主观看法。另外，在之前不会有问题的言论现在也会被认为是骚扰，这种情况也不少见。因此，也有批评意见认为胡乱强调骚扰只会使交流萎缩。

小知识

禁忌：必须通过某种行为来回避的对象。在与语言行为的关系方面，众所周知，有不能在特定的亲属面前使用日常词汇进行对话的社会，也有避讳死者名字及其同音字的社会等。

在与人交流时，不给对方带来不愉快的感受是基本中的基本，另外，令人不快的感受标准会随着时间的变化而变化，所以有时也需要重新审视自己的语言习惯。

在我们想要表达的事情中，有的领域仅仅是提到，就很容易给对方带来不愉快。会给对方带来不快的领域因社会不同而异，但多数情况下会涉及与死亡、排泄、性相关的表达。在一些社会中，直接提及这些事情被视为禁忌，在提到这些领域的时候，需要使用一些委婉的表达。

虽说直接提及这些事情被视为禁忌，但实际禁止使用多少，其程度因社会而异，一般来说，在发达国家的社会中，其约束力不如传统社会强。话虽如此，日语也好英语也好，关于这些领域的委婉表达还是不胜枚举。另外，也有不少被认为是禁忌的表达方式，像“屎”和英语的“fuck”那样，是作为咒骂语使用的。

包括日本在内的发达国家的社会中，回避死亡和性的倾向在急速弱化。人们认为更应该回避的是被称为歧视语的词汇。例如，人们认为像“瞎子”“瘸子”“神经病”等这样的词，会与固化身体或精神上的障碍相关，因为是歧视性的，才不能使用。另外，也有意见认为“障害者”这一词本身写作“害”是歧视性的，应该写作“障碍者”或“障がい者”。

歧视的对象不仅仅是身体上精神上的障碍。男女歧视、人种歧视、地域歧视等可能与歧视相关的情况，都是现代社会的禁忌，人们提及的时候需要用委婉的表达来替换。把既存的词汇替换成不带歧视性的词语，这种措施称为政治正确。“聋子”虽然可以替换成“耳朵不便”，但问题是，即使换了单词，如果歧视感情不变的话，最终歧视也不会消失。

当然，从被歧视一方来看，贴上歧视标签的歧视语是应该首先谴责的对象，如果连歧视语都不能改正的话，消除歧视只能是无稽之谈。然而，固执地将歧视语视为攻击对象的词语净化行为，在引发大众媒体过度反应的同时，反而有可能使歧视意识潜移默化。

实际上，由于过分回避歧视语，很多情况下，一些没有歧视意思的单词也被迫替换。“痴呆症”换成“认知症”虽然可以理解，但是有必要把“盲打”换成“触摸打字”吗？另外，在动植物的名称中，也有把“躄鱼”换成“青蛙鮟鱇”或者“盲鳗”换成“鰻鰻”这样的例子，如果那样，“片手落ち”（注：字面是失去一只手，实际为惯用语，意思是拉偏架）和“つんぼ桟敷におかれる”（注：字面是被安排在聋人看台，实际为惯用语，意思是被当作局外人）这样的惯用表达也必须得换个说法吗？

小知识

政治正确：在1980年代美国开始的，用中立的表达替换可能助长歧视和偏见的表达的运动。一方面，有如表示敬称的Ms.和表示“主席”的chairperson及表示“美国原住民”的Native American那样固定下来的表达，另一方面，也有很多表达引起了争论。

专栏

完美的翻译

世界上充满了信息。但是，这些信息如果是由自己不懂的语言写的话，那便起不到任何作用。于是，就轮到翻译出场了。实际上，就像杉田玄白、前野良泽所译的《解体新书》那样，在日本，优秀的翻译书籍带来学问和技术发展的例子也不胜枚举。

但是，翻译出来的东西真的可以说等同原文吗？

如果语言会影响人们对事物的看法，那么根据语言的不同，也会有无法表达的事物，在这种情况下，完美翻译是不可能的。虽不能说翻译制约了人们对事物的看法，但就像日语是“なる”

型语言，英语是“する”型语言那样，确实会出现表达方式不同的情况。在这种情况下，将“なる”型表达用“する”型表达来翻译的话，会不会有什么不同呢？

在以事实关系为主体的文章中，这样的差异问题不大，但在文学性的文章中就行不通了。比如川端康成的《雪国》的开头，把“国境の長いトンネルを抜けると雪国であった”（注：意思是“穿过县界长长的隧道，便是雪国。”）译为“The train came out of the long tunnel into the snow”（赛登施蒂克译），虽然翻译得很精彩，但关于其是否与原文一致这一点，人们就会各持己见。

实际上，文学翻译也涉及文化背景，不是那么简单的事情。即便如此，文学翻译对于营造丰富的文化生活也是不可或缺的。

09
“语言”的现在及未来

地域方言、共同语

具有一定规模的语言在每个地区都会有一些不同的语言变种。这些变种叫作地域方言。

地域方言在使用领域内，距离被视为离中心地区越远，方言的色彩就越浓厚。例如，其他地区的人就很难理解津轻地区的方言和鹿儿岛的方言。到了冲绳，使用的也是差异极大的语言，甚至会让人怀疑那真的是日语的方言吗？也有人认为，冲绳的语言可能已经不是日语了。但是，冲绳是日本领土的一部分，所以通常我们认为冲绳语言也是日语的方言之一。

与地域方言相对应的是共同语，共同语是为了让出生于不同地区的人之间能够进行交流，将各方言的特征组合而成的语言变种。但是，并不是所有方言的地位都相同，大部分情况下，共同语是中心地区的方言中加入若干其他方言的特征而形成的。

日语以长期作为日语标准的京都贵族语言为基础形成了书面语，到了江户时代，由于“参勤交代”（注：日本江户时代一种控制各大名的制度。各藩的大名需要前往江户替幕府将军执行政务一段时间，然后返回自己领土执行政务）武士从全国各地聚集到江户，于是自然而然形成了类似共同语的语言。明治维新以后又在此基础上形成了共同语。

共同语形成后，就通过学校教育推广到全国。同时，在教室里说方言的孩子会受到脖子挂方言牌的惩罚，诸如此类，方言作为劣等语言受到了打击。

共同语的普及是当时政府的意志，这意味着共同语不是为了方便沟通，而是象征着近代国家统一的飞跃。现在教科书上也使用了共同语，而且电视上一天到晚地播放，共同语在人们的生活中渗透得越来越深，就这样，地域方言走上了衰退的道路。

当然，虽然现在很多日语使用者既会说共同语也会说地域方言，他们会根据不同的对象区分使用，但是不能否认，和以前相比，方言所具有的特征变得相当微弱了。而且，除了京都、大阪等一部分地区，很多方言使用者都对自己的方言抱有消极的感情，这也加剧了方言的衰退。

注：来源于东条操《日本方言学（1953）》

日本的方言划分图

不过，近年来人们开始重新审视方言的优点，也有地域方言改编成虽然偏向共同语，但保留方言色彩的新方言的事例。这样的动向表明，在不断变化发展的当今社会，地缘依然对人们的生活有着重要的意义，方言作为再次确认地缘的手段发挥着作用。

另外，有时我们也会用标准语这个词来指共同语。无论使用哪一个词，其所指内容都几乎相同，但标准语这一词更能直接表达出相对于地域方言的优越性，统一性的语感较强。

而且，说到标准语，我们会觉得它不仅社会价值更高，作为语言也比方言优秀，但实际上并非如此。因为标准语或共同语结合了各种方言的特色，所以方言之间的不同特征常常有被简化的倾向。

例如，在共同语中，像“正在下雨”这样动作的持续也好，“地面湿了”这样动作的结果存续也好，都用“ている”来表示，但是以西日本为中心，也有不少方言用其他说法来区别两者。方言中的终助词也更能表达出细微的语感。从语言学的观点来看，地域方言可以说是比共同语更有趣的研究对象。但是，由于方言很少用文字来表达，同时与共同语相比，方言经常会发生变异，所以还没有进行充分的研究。

对于共同语或标准语的看法因国家而异。

例如，在法国，自从法国革命以来，法语就成为国民国家统一的象征，法语应有的形态由国立学术团体法兰西学术院进行管理等，带有相当强的管控色彩。特别是最近，来自英语的外来语增多，法国感到神经紧张，提出用法语进行替换之类的建议。另一方面，脱离他国统治的新兴国家的语言标准化也常常成为刻不容缓的课题。

这是因为，在他国的统治下，通常只把统治方的语言作为通用语，被统治者的语言大多只作为口语使用，一旦独立后想把自己的语言作为通用语时，由于没有书面语而无法起到通用语的作用，所以必须从制定标准化的书面语开始。

如上所述，语言是构成国家认同的重要因素之一，语言标准化是不可避免的过程，同时它也会阻碍个人自由地使用语言。如果国家控制过度，有可能反而会引起国民的反感。

小知识

日本的方言：日本的方言除了琉球列岛的方言外，大致可以分为东日本、西日本、九州三种方言。东西部方言的界限在太平洋一侧大致位于爱知县和三重县之间，日本海一侧位于新泻和富山之间，爱知、岐阜的方言也属于西日本方言。

02 大就是好吗？——语言的有用性

地域共同语、世界共同语

旧约《圣经》的创世纪中有一个巴别塔的故事。某天，人类开始建造一座可以登天的塔。看到这一幕的神对人类的傲慢感到愤怒，为了让人类不再做这种狂妄的事情，神把人们共同的语言变成了不同的语言。原本这是一个神话，但这个神话却很明显地揭示了语言对人类的意义。

也就是说，人类如果共同致力于一个工作的话，就可以完成一件大事，但是如果没有由语言带来的交流，就无法完成。另外，这个神话也表现了关于语言的根本疑问。为什么同样是人，说的语言却不一样呢？语言不同导致沟通中断，这难道不是反复出现冲突和纷争的原因之一吗？如果语言相同，至少会减少因误解引发纠纷的可能性。

人们之所以开始说不同的语言，当然并不是神的所作所为。过去人类的生活圈比现在要狭窄得多。在这个狭小的生活圈里，对于基本上过着自给自足生活的我们的祖先来说，最重要的是能够在生活圈中相互交流，并不一定需要与生活圈之外的人们进行交流。

在这样的情况下，即使那一带地方的语言曾经是相同的语言，也会逐渐分化，每个生活圈都会开始使用不同的语言。那是因为，语言有一个特性，它会随着人们的使用而逐渐改变状态，社会共同体不同，其变化方式也不同。

但是，随着经济活动的活跃，生活也不再是自给自足。人与人之间的交流变得频繁，产生了与说不同语言的社会共同体交流的问题。当然，如果有精通彼此语言的翻译，姑且可以满足需要，但是随着交流必要性的提高，就不能一直依赖翻译了。在这种情况下，效率最高的应该是多个社会共同体使用共同的语言。

由于这样的原因，世界各地产生了地域共同语。例如，在地中海东部，进入罗马时代后，希腊语作为共同语被广泛使用，在东亚，作为文字记录语言的汉文发挥了作用。在现代，中东的阿拉伯语、东非的斯瓦希里语、东南亚的马来语等也起着各地区共同语的作用。

小知识

通用语言：主要是指为了外交或通商，在没有共同母语的人之间使用的语言。原本指的是中东黎凡特地区使用的罗曼诸语、希腊语、阿拉伯语的混合语。但也有地区内最强大的非混合语被当作通用语的情况。

然而，在现代，交通、通信手段的急速发展加速了交流空间的扩大，可以说现在已经出现了覆盖整个地球的交流空间。当然，在这样全球化的空间里也需要共同语，但实际上发挥作用的是英语。

英语获得世界共同语地位是 20 世纪以后世界形势变化的结果。英语本身并没有成为世界共同语的必然性。我们也没有其他选择，目前英语的优势地位似乎不可动摇，但随着世界形势变化，将来它也有可能会被其他语言取代。

虽说如此，对于英语是事实上的世界共同语这一点，也并非无人反对。其中理由之一是，英语原本只不过是世界语言之一，但由于其成为世界共同语，英语使用者在社会生活中获得了显著的优势地位。实际上，英语母语者一般缺乏掌握外语的热情。

但是，如果将现有语言定为世界共同语，那么无论选择哪种语言都会发生同样的问题。因此，人们产生了一种想法，即世界共同语必须是所有人共同学习掌握的语言。在这种情况下，因为该语言不能是已有母语者的现有语言，因此只能是人工创造的语言。

以世界共同语为目标而创造的语言有很多，最有名的应该是前文提到过的世界语。然而，尽管在世界各地有很多热心的支持者在努力普及世界语，全世界能说世界语的人最多也只有200万人左右，虽然人数并不少，但离成为世界共同语的期待还很遥远。

英语本来就有3亿以上的母语者，再加上以英语作为第二语言的人，会说英语的人数量庞大。母语者就不用说了，就连努力学习英语的人，要说服他们学习世界语也可谓艰难至极。对于今后学习外语的年轻一代来说，在世界语与世界共同语相距甚远的现状下，世界语也很难成为他们学习外语的选择。

虽然眼下很难改变英语是世界共同语言的现实，但是我们有必要避免英语以外的语言衰退的事态。这是因为，作为世界共同语的英语有比原本英语简单化的倾向，如果再忽视英语以外的其他语言，人类的语言生活将变得非常贫乏。

在现实生活中，虽然有不少弱小语言正在走下坡路，但是我们有必要分别思考丰富语言生活的语言和作为交流工具的语言。

小知识

联合国通用语：联合国规定英语、法语、俄语、汉语、西班牙语、阿拉伯语为通用语。

03 语言上的不平等——皮钦语与克里奥尔语

殖民者的语言、当地居民的语言

说到说英语的国家，人们就会想到美国、英国。但是，加拿大、澳大利亚、新西兰、爱尔兰等国家也使用英语，另外菲律宾、印度、南非等国家也使用英语作为官方语言或通用语。

在世界上，有 80 个国家和地区赋予英语官方地位。其中，有不少国家曾经是英美的殖民地，之后独立了出来。

对于当地居民来说，作为殖民地被统治的时期绝对不是令人愉快的记忆，为什么他们还会使用英语作为官方语言或通用语呢？这些国家在很多情况下，并不是自愿这样做的。在这些国家里，当地居民的语言通常不止一种，将其中特定的语言定为官方语言或通用语的话，反而会引起争论。因此对于当地居民任何人来说都不是母语的、旧宗主国的语言英语才被选为官方语言或通用语。

但是，英语和当地居民的语言交流本来就不是对等的，可以说英语占优势的格局在殖民地解放后也没有改变。

回顾历史，虽然使用不同语言的群体之间很久以前就有接触，但该群体大多居住在地理位置相对较近的地方。因为在通信手段和交通手段都不发达的时代，如果不住在附近，是不可能产生日常接触的。当然，由于长距离的民族移动和大规模战争等原因，居住在偏远地区的群体之间也不是没有过接触。但要想让这种事情成为家常便饭，还得等到所谓的大航海时代。

从语言接触的观点来看，大航海时代的特征在于，明显文明水平不同的集团，即欧洲的殖民者和亚洲、非洲、美洲、大洋洲的原住民在殖民地进行了经常性的接触。两者当然说的是不同的语言，所以用哪种语言进行交流成为问题，但是此时，两者所说的语言之间存在明显的权威差异，这使问题变得复杂起来。这是因为，除了传教士等少数例外，作为欧洲人的殖民者都不想学习当地的语言。另一方面，由于原住民被歧视对待，所以也只有少数例外得到了学习欧洲权威语言的机会。

但是，如果这种状况持续下去，殖民者和当地居民将无法进行交流了。于是，产生了一种通常被称为皮钦语的语言，这是当地居民从欧洲语言中引入单词等，仿照欧洲语言创造的语言。当然，由于不是在学习欧洲语言的基础上创造出来的语言，所以与欧洲语言相比，依旧似是而非，虽然离成为一门像样的语言还有很大的差距，但对于当时的交流来说已经可以满足需要了。

这样形成的皮钦语的语法有时可能既不符合殖民者的语言，也不符合当地居民的语言。在这种情况下，我们可以认为，皮钦语的语法虽然极为简略，但也展示了人类语言应具备的语法核心。

不管怎样，皮钦语只是一种暂时应付的语言，但有时皮钦语的发展程度达到了正常语言的水平，这一阶段的语言通常被称为克里奥尔语。

由于克里奥尔语在复杂程度上与其他普通语言相同，所以存在着以克里奥尔语为母语的人，但是没有以临时语言皮钦语为母语的人。不过，并不是所有的皮钦语都会演变成克里奥尔语，这取决于各种条件。随着当地居民生活水平的提高，如果他们学会了欧洲语言，皮钦语就失去了用武之地。

另一方面，如果皮钦语不仅在殖民者和当地居民之间，还在母语不同的当地居民之间被当成交流手段来使用，则很容易演变成克里奥尔语。例如，在有数百种当地语言的巴布亚新几内亚，原本作为皮钦语的巴布亚皮钦语作为当地居民的共同语开始发挥作用，最终发展成拥有 200 万母语者的克里奥尔语。

但是，在不同语言接触的情况下，有时一种语言会受到另一种语言的压迫。这经常伴随着战争和侵略发生，第二次世界大战中日本在殖民地强制当地居民使用口语的事例也属于这种情况。

在与德国接壤的法国东部的阿尔萨斯地区，正如小说家都德在《最后一课》中所描绘的那样，法国在与德国的战争中战败后，突然发生了法语被禁止使用的情况。但是阿尔萨斯地区原本的当地语是德语的方言阿尔萨斯语，因此也可以说在归属于法国的时代，当地语是被法语所压迫的。因此，都德的文章也是经过艺术加工的。

不管怎样，语言是日常生活中使用的，如果使用的语言因为当时的政治形势受到限制，会给人带来相当大的压力。当然，不可能做到完全禁止，随着形势变化后，当地语也会复活，但是对个人和社会身份认同感的确立肯定会产生深远的影响。

小知识

《最后一课》：阿尔丰斯·都德（1840—1897）的短篇小说集《月曜故事集》中的一篇。作于普法战争后反德情绪高涨的时期。阿尔萨斯地区在德法之间的归属频繁变化，虽然被两国语言同化政策摆布，但现在阿尔萨斯语的教育得到了认可。

04 什么是正确的语言？

语言学家和语言的规范

“正确的”语言的标准是什么呢？究竟是谁决定了什么是“正确的”呢？

在学校教育中儿童开始在国语课上学习语言。自然，为此我们需要教科书，必须预先确定教科书的内容。这也意味着国语需要预先确定语言的正确状态。此时，管理学校教育的部门或相关机构确定了这一标准。并且，由学校教授符合该标准的语言，这就是“正确的”语言。

但是，在学校学的语言真的可以说是正确的语言吗？观察人们实际使用的语言，很多情况下与在学校学的语言并不相同。这样的语言和在学校学的不一样，所以全部都是错误的言语吗？如果是这样的话，街上充斥着的就是错误的语言。

语言原本就不是每个人都会用完全相同的表达。因此，设定“语言日语必须如何”这样绝对唯一的标准，本来就是毫无意义的。

当然什么事情都不是完美的，特别是在学校教育中，如果不在一定程度上设立规范的话，教育效果就得不到提高。因此，给语言设立一定的标准并不是没有意义，但是，没有必要把它当作绝对唯一的标准。

话虽如此，如果学校教授的语言不是绝对的标准，那么应该将什么视为“正确的”语言呢？我们在实际使用语言的时候，并不是一一和谁商量什么是正确的表达方式。也就是说，对于什么是正确的语言，每个人都是独自判断并使用的。

语言是交流的工具，不能沟通的话事情就无法顺利进行，所以在实际使用语言的时候，能否与他人交流是最重要的标准。换句话说，属于同一社会共同体的人之间共有的表达方式可以称为正确的表达方式，相反的表达方式则不正确。

小知识

正字法：把语言用文字书写时的规则叫作正字法。英语等正字法是习惯的积累，但在新兴国家正字法大多是由国家机关决定的。一旦确立了正字法，修改起来就很困难，英语的拼写改革从来没有成功过。

因此，即使根据学校教育标准被认为是不正确的语言，例如，像“抜き言葉”这样一般通用的表达，从人们是否共有的标准来看，也是非常正确的日语。但是，即使是像“抜芝言葉”那样迅速得到人们支持的表达，在教科书上的标准中，如果不经过某个官方机构的认定，也不会被视为正确的日语。

对于这样的问题，语言学是如何看待的呢？

在官方机构中，判定“正确的”语言的专家大多是语言学家，所以人们很容易认为，从语言学的角度来看，“正确的”语言可能更接近教科书的立场。但实际上语言学家也认为，只要是人们共有的表达，就可以看作是正确的表达。因为语言学家的使命是观察语言实际上是如何使用的，在表达的好坏上不加评论，而是如实地记述事实。

的确，我们也曾经期待语言学家制定语言规范。但是，规范一旦制定了就会固定下来，无论实际语言如何变化，也很难改变，所以观察到的语言的真实状态和规范就会渐渐背离。也就是说，语言学家制定规范，完全违反了语言学家的使命。

语系分布

世界上有各种各样的语言。我们尚不清楚这些语言是否有共同的起源。假设所有语言都是同一个起源，经过很长的时间，分化成了现存的几千种语言，虽然这种解释比较容易理解，但是也有可能语言是在世界上多个地方诞生的。

那个时候，在各地诞生的语言，基本上是以语音为单位的，虽然这是共有语言的基本性质，但在其他部分也可能具有不同的性质。如果考虑到其性质差异一直传承到现今语言的情况，倒不如说这样的说法也许更便于说明世界语言惊人的多样性。

不管怎样，世界的语言都是不断分支延续至今的，反过来追溯语言的历史，最后就会到达分支成各种语言的源头语言。不过，要追溯历史，就需要过去的数据，但是从语言的历史来看，文字记载的资料留下的只不过是最近的事情，因此可追溯的历史最多也只有几千年。

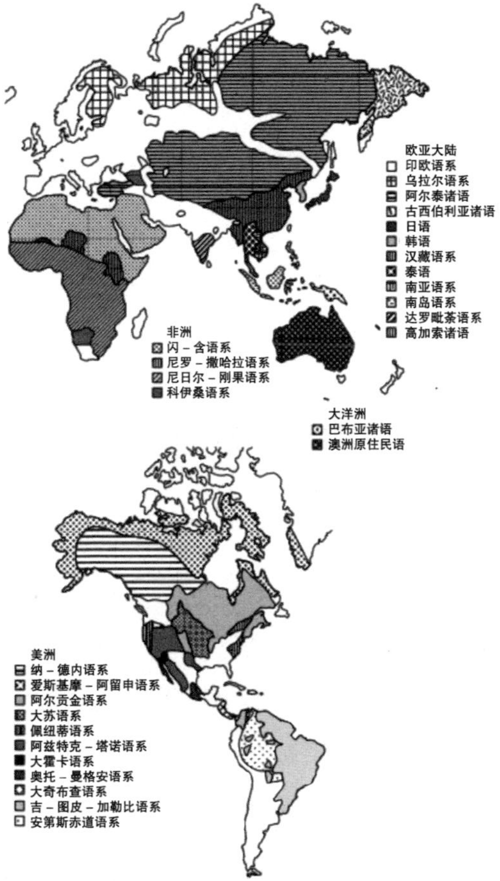

语系的分布

祖先为同一语言的一组语言称为语系，世界上语言可以分为 20 ～ 30 个语系。各个语系的祖语也有可能进一步追溯到共同的祖先。但是既然没有资料，这样的假说只能是臆测。

世界语系中，使用者人数最多的是印欧语系。属于这个语系的语言正如其名，分布在从印度到欧洲的广阔土地上，但就像阿拉伯语和土耳其语属于其他语系那样，其分布并不完全连续。

属于同一语系的语言拥有共同的祖先，所以一定程度上相似是理所当然的，但是在同一语系中，根据分支的过程进行分组更容易把握其特征。因此，印欧语系的语言可以大致分成几个语族：如以英语、德语、荷兰语、瑞典语为首的日耳曼诸语；以法语、意大利语、西班牙语以及这些语言的祖先——拉丁语为首的罗曼诸语；以俄语、波兰语及保加利亚语为首的斯拉夫诸语等。

语系及其下分的语族，地理上的分布在历史上并不总是相同的。例如，在美洲大陆和澳大利亚大陆现在也使用欧洲的语言。另外，距今 2000 多年前，曾经以现在的法国为首的广大地区使用的凯尔特语，在欧洲因为时代变迁也发生了改变，现在仅存在于爱尔兰、英国的威尔士地区、苏格兰等欧洲西部地区了。另外，研究者认为原本印度、欧洲的祖语是在黑海周边产生的。现在印欧语系的分布是经过长时间扩散的结果。

那么，让我们从欧洲向东边，试着环游世界。

首先，从土耳其到欧亚大陆的中部，经过蒙古，到中国东北部的广大地区所说的语言构成了阿尔泰诸语。另外，从乌拉尔山脉到欧洲、俄罗斯东部分布的是乌拉尔语系的语言，欧洲的语言匈牙利语、芬兰语、爱沙尼亚语实际上也属于这个语系。曾经，这两个语系被统一称为乌拉尔—阿尔泰语系，有学者认为日语、韩语、朝鲜语也属于这个语系，但是现在这种假说得不到支持。

印度南部的语言属于达罗毗荼语系，东南亚分布着南亚语系的语言，从东南亚的岛屿到太平洋的各个岛屿上分布着南岛语系的语言，中国及其周边分布着汉藏语系的语言。

日语、韩语、朝鲜语不属于这其中的任何一个语系，也无法追溯到同一个祖先。像这样不知道来由的语言被称为孤立语，表示仅仅靠地理上的分布无法确定语系。

在白人进入之前，大洋彼岸的美洲大陆使用美洲原住民（美洲印第安人）的各种语言。据说这些语言的总数达到了数千种，表现出了惊人的多样性。因为数据不足，所以我们无法知道它们正确的系统关系，但通常分为 10 个语系左右。

在澳大利亚大陆，白人进入之前，土著原住民使用的数百种语言也非常丰富，研究者们认为其构成了多个语族。

非洲大陆的语言大致分为四个语系。一个是从非洲大陆北部到中近东地区之间分布的闪—含语系，阿拉伯语和希伯来语属于这个语系。另外，撒哈拉沙漠以南的广大区域内分布着以斯瓦希里语为首的众多语言所属的尼日尔—刚果语系，两者之间分布着尼罗—撒哈拉语系所属的语言，此外，在非洲大陆南部分布着以发音特殊而闻名的科伊桑语系。

另外，在非洲东部海上的岛屿马达加斯加岛上所说的语言，和分布在遥远的南岛语系的语言属于同一系统，说明了两个地区之间有着某种人际交流。

小知识

祖语：相当于几种语言的共同祖先的语言。通过使用比较语言学，可以从相当于子孙的语言资料中重建祖语。但是，重建后的语言说到底只是理论操作的结果，不能保证现实中的祖语也是如此。

10
以真理为目标的语言学

语言学的未来

语言自古以来就是人们关注的对象，这一点今后也不会改变。因此，语言学今后也会继续受到关注。

当然，既然语言环境发生了变化，语言学所肩负的使命也会随着时代而变化。例如，以前语言学的使命是确立学问、宗教等用于高尚目的的语言的语法规范，因此日常会话的交流不是语言学考察的对象。另外，作为考察对象的语言必须是用文字书写的，因此，没有文字的语言就被置于研究之外。

与此相对，现在的语言学中，口语被认为是优先考察的对象，而且，不论使用人口的多少，所有的语言都是研究的对象。

其结果是，所有语言的共同性质也成为语言学的考察对象。另外，随着全球化的发展，记录使用者人数较少的濒临消失的语言，也是现在语言学所肩负的重大使命之一。

如实地记述对象是目前语言学的基本态度，但现代语言学并没有从“规范”这个概念完全解放出来的。

原本在如实记述的对象中，包含了人们对语言所持有的规范意识，无论是索绪尔所说的作为语言共同体成员共有知识的“语言”，还是乔姆斯基所说的语言能力，人们很容易把这些东西与规范意识相结合。

特别是，如果最近才展开正式研究的一种语言在地区社会中具有一定地位，那么该语言的研究者常常会被要求协助制定该语言的规范。但是，与其说现在语言学的使命在于确认规范，不如说应该是通过如实记述语言，找出语言形成的原理。

小知识

古代印度的语言学：在近代以前的语言学历史中，特别是将梵语的语法总结成规则体系的古代印度的语法学者帕尼尼（公元前4世纪）的方法论，因与生成语法那样的形式语言理论及编程语言的记述法相似而备受瞩目。

近年来，大脑认知系统和语言的关系备受科学界瞩目。如果能将语言的记述与大脑的处理机制相结合，不仅可以阐明各个语言的性质，也可以阐明人类语言的普通性质。不过，因为对大脑的研究至今仍不算深入，所以有必要慎重研究那些语言的记述是否切中要害，实际上，研究者们也有探索与大脑的处理机制不同的原理的想法。

例如，生成语法并不一定以大脑的处理机制为前提，而是以理论的系统整合性作为记述的准则。但是，以理论本身的整合性为基准的记述，无法避免随着研究越深入记述越细化的倾向，必须要弄清其是否正确。

小知识

电子语料库：电子化的语言资料。其优点是可以从大量资料中快速检索必要的用例，近年来为了提高检索的准确度，在很多语言中，陆续开发了添加被称为标签的词类信息和句法信息的大规模语料库。

在现代语言学中，盛行研究构成语言原理的原理追求型研究，但是特别关注日常口语交流，致力于个别事例记述的语用学和以谈话分析为代表的实态阐明型研究也很流行。在这些研究中，记述的对象用索绪尔的理论来说就是“言语”的一部分，用乔姆斯基的理论来说就是语言运用的一部分，这些领域受到关注是在 20 世纪接近尾声的时候。

这些领域与规范相反，其原理极其多样且富于变化。但是，我们必须充分注意，这种类型的研究往往有陷入事实罗列的危险。另外，作为研究对象，用法中原本也包含了只有部分说话人使用，而其他说话人几乎不知道的用法。因为实态阐明型的研究意义之一在于提供了一种材料，可以牵制那些动辄脱离现实语言的原理追求型研究过度抽象化，所以必须好好考虑是否有必要记述那些周边性的用法。

不管是原理追求型的研究，还是实态阐明型的研究，都对现在语言学的发展做出了巨大贡献，将来也会对充实电子语料库产生巨大影响。

语言的研究，无论方向是怎样的，离开具体的语言数据是不可能存在的，但是过去只能靠手工操作收集研究所需要的数据，花费时间的同时，收集的数据数量也是有限的。与此相对，现在许多语言都配备了电子语料库，能够在短时间内获得大量数据。这具有不可估量的价值。

但是，应该注意的是，由于电子语料库的完善，首次能够收集到的数据中可能含有相当例外的用法。即使是实态阐明型研究，也不需要把所有的用法都作为考察对象。另外，原理追求型的研究需要理论性的统一，而语料库的数据不一定是统一的，需要考虑存在偏差及如何协调处理。

原本，电子语料库中包含的数据是现实语言的样本，既然是样本，就不可避免地会因各种因素而产生失真。从语料库得到的数字作为客观数据确实具有说服力，但不要囫囵吞枣也是很重要的。

02 生成语法是什么？——乔姆斯基的语言理论

转换语法、生成语法、最简方案

现在的语言学认为，语言的语法是规则的集合，句子是按照规则构成的。那么，到底有什么样的规则，句子的构成过程具体又是怎样的呢？

在全世界致力于这个问题的语言学家中，有着特别大的影响力的就是乔姆斯基。乔姆斯基一开始就注意到，两个句子虽然具有相同的成分结构，但却有不同的意思，相反，尽管两个句子的成分结构不同，意思却相近。

这一事实与仅由句子的表面成分结构决定其解释的观点是不相符的。因此，乔姆斯基认为，在前者的情况下，派生的结果只是偶然成分结构相同，两个句子原本就具有不同的成分结构。而后者，成分结构不同是派生的结果，两个句子原本具有相同的成分结构。并且，乔姆斯基将原来的成分结构称为深层结构，将派生的结果产生的成分结构称为表层结构，通过将转换规则应用于深层结构而导出表层结构。

也就是说，乔姆斯基认为的这个语法是由产生深层结构的短语结构规则和从深层结构导出表层结构的转换规则构成的，因此被称为转换语法。

这里需要注意的是，派生这个概念被引入句子的解释中，在此之前，句子的解释有着固定的说明，由此为阐明句子结构或句子解释过程的研究开辟了道路。

但是，在句子和句子之间观察到的派生关系，就算在一种语言中也是多种多样的，考虑到全世界的语言，转换规则在各个语言中就有无数种不同的种类。虽然乔姆斯基认为语法规则是天生的，但是这些具有特殊性的规则也可以说是人们天生掌握的吗？如果不是生来就掌握的，就不得不在语言学习的过程中学习，外语就不说了，但母语的习得过程中就没有学过这些规则的记忆。

因此，为了消除这一矛盾，在 20 世纪 70 年代末以后的管辖约束理论中，乔姆斯基放弃了说明各个派生关系的特殊性转换规则。因为如果转换规则很简单，那么认为人天生就掌握语法也很自然。最终，在管辖约束理论中，只有移动构成句子的任意要素并改变该要素的线性顺序的操作才被认为是转换规则。另外，在此之前的乔姆斯基的理论中，关于短语结构规则，他认为每个语言都有各种各样的规则，但是这个理论被大幅度简化，变成了即使语言不同，语法结构规则本身也是一样的。

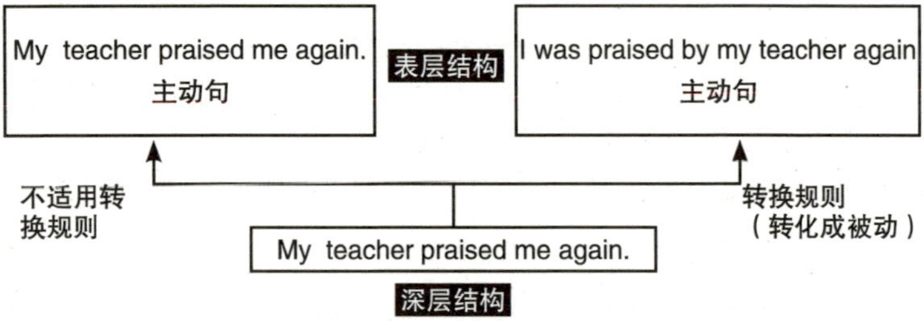

转换语法

乔姆斯基之所以谋求这样的方向转换，是因为他逐渐强烈意识到语言的先天性和语言的普遍性。实际上，现实中的语言无论多么多样，只要基本规则像乔姆斯基所主张的那样简单，那么语言即使是普遍的、天生的也不足为奇。

但是，如果规则简单，也很容易造出不正确的句子。因此，乔姆斯基在根据规则而产生的句子中，排除了作为该语言不合格的句子，思考了只把合适的句子分离出来的过滤器一样的结构。当然，如果这个结构因语言而异，太过特殊，特意简化规则就没有意义了，所以这个结构本身也必须不依赖语言就能通用，且能通过一般原理进行说明。

另外，从这个时候开始，乔姆斯基的语法被称为生成语法。这里使用的术语“生成”本来是数学术语，是指对于给定的对象和条件,求出满足该条件并且包括所有给定对象的最小结构。乔姆斯基认为,通过使用这样的用语,语言可以在数学上定义,是明确的规则体系。

但是,这样的规则和结构,无论怎样具有普遍性,都是只适用于语言的规则和结构,而且,现在无法验证这些规则是否作为大脑的功能而存在。或许语言能力是我们人类一般认知能力的一部分,如果是这样的话,解释语言的规则和结构就必须更加具备普遍性。

因此,20 世纪 90 年代以后的最简方案中,乔姆斯基将解释语言所需的工具从经济性的角度简化到了极限,甚至放弃了没有充分经验基础的结构。结果,深层结构不再存在,规则也被拆分,作为过滤装置的一部分而导入的概念也有很多被放弃。

乔姆斯基的理论以阐明人类语言能力为目标,从这一点来说,毫无疑问超越了迄今为止停留在现象表面说明的研究。尽管他的理论确实对 20 世纪的语言学产生了很大的影响,但是对于其最终得到的成果,也有批评认为,由于人类一般的认知能力本身还不清楚,这种理论反而导致语言能力的实际状态变得难以理解。

小知识

管辖约束理论：取英语的首字母也称作GB理论，20世纪70年代末以后的生成语法的观点。认为语言的语法不仅仅是规则的集合，而是由管辖、约束等普遍的原理所支配，语言之间的差异可以根据原理中所包含的参数值的不同来说明。

最简方案：也被称为极小主义计划，90年代以后的生成语法的观点。主张自然法则中没有浪费，因此，作为最适合的语言设计的语言理论，不应该承认除了经验上有充分根据的结构以外的结构。放弃了之前的生成语法中被认为是必要的很多结构。

03 普遍语法实际存在吗？

语法理论、普遍语法和个别语法

乔姆斯基所提倡的语法是在变迁中发展起来的。但是，这些变迁都有各自的理由，乔姆斯基一直以弄清楚与生俱来的、普遍性的语言能力为目标。在现行的语法理论中，最精致的体系实际上是生成语法，并且不可否认，20 世纪后半期获得最多支持的理论也是生成语法。

话虽如此，对于乔姆斯基的理论也有批评。虽然乔姆斯基在句法派生的过程中寻求数学上的明确性，但我们并不能证明大脑中进行的语言处理过程实际运用在数学上是否严密。原本，乔姆斯基设想的讨论前提是拥有完善语言能力的人，但无论是孩子还是大人，语言能力或多或少都不完善，是否存在乔姆斯基所考虑的理想的说话人或听话人，这一点令人怀疑。

我们的语言能力虽然不完善，但是交流几乎不会产生障碍，而且我们交流的句子本身也包含语法上并不完全正确的句子。也就是说，我们实际运用的语言能力比乔姆斯基所想的更不明确，也有可能不是那么严密。

另外，根据乔姆斯基最终得出的理论，句子是通过将构成要素连接起来形成较长的序列，并反复进行该操作而生成的。这样的合并操作本身是非常简单的操作，但是仅仅这样也不能防止产生不合格的序列。因此，出现了随着合并操作的应用，不合格的序列被排除在外的结构，这个结构相当复杂，理解其结构对于语言学家来说也不容易。语言的使用与说话人的年龄和知识水平无关，因此即使说这样复杂的结构是语言能力的内涵，也不禁让人怀疑真的是这样吗？

根据乔姆斯基的说法，语言能力是天生的，就像如果不是专家就无法说明“为什么人能走路”，同样地，语言能力对于一般人来说也是一个未知的黑箱。但是，无论是母语还是外语，都必须伴随着某种学习过程。如果说因为是生来就有的能力所以没有必要去注意，那么有必要弄清楚为什么需要学习过程，以及与生俱来的语言能力和学习过程的关系。

在语言学习的过程中，我们会体验各种各样的事情，这种体验难道对语言能力的形成没有贡献吗？语言学习过程中的体验，只不过是让天生的语言能力觉醒的契机，乔姆斯基的这种观点，是不是对体验所具有的意义评价过低了呢？

小知识

语法理论：在语法理论中，大致分为两种立场，一是像生成语法那样，将语言理解为自主的体系，重视语言形式的构成；二是像功能语法那样重视语言的社会功能，关注语言各要素在句子中发挥的功能。

在乔姆斯基的理论中，语言能力虽然是人类认知能力的一部分，但说到底是专门针对语言的能力，并不是只靠一般的认知能力就能说明的。这是因为，在接收过程中听觉器官、视觉器官和大脑的特殊联系，以及在发送过程中大脑和发音器官等运动器官的特殊联系，是在语言处理以外无法观察到的语言所特有的机制。但是，如果是这样的话，即使一般的认知能力是天生掌握的，语言能力也有可能是在一般的认知能力的基础上，经过学习的过程形成的。

乔姆斯基通过重视数学上的明确性来促进语言的语法抽象化，目的是使自己所思考的语法接近适用于世界各地语言的普遍语法。的确，世界上的语言是极其多样的，如果普遍语法的内容过于具体，在细节上马上就会产生例外，这与实际语言多种多样的事实很难协调。

但是，虽说如此，乔姆斯基所思考的抽象的普遍语法也不能保证对应世界上所有语言的语法。虽然普遍语法是抽象的，但实际语言的语法是具体的，所以首先需要将抽象的普遍语法转换成具体的个别语法的机制。

小知识

柏拉图的问题：乔姆斯基对尽管语言刺激少（刺激贫乏），但孩子仍能学会语言这一问题产生怀疑。他提出了柏拉图（前427—前347）的讨论作为语言能力先天性的根据。但是，从认知语言学的角度来看，存在诸如忽视非语言刺激之类的批评。

根据乔姆斯基的说法，普遍语法中有一种被称为参数的开关，如果转换开关给参数指定适当的值，就能完成个别语言的语法。也就是说，个别语言的语法差异可以还原为参数值的组合差异。的确，这样考虑的话，就能很好地解释与单语儿童相比，为什么双语儿童的语言习得过程似乎并不那么困难。

但是，这并不是唯一的解释，而且，只是切换参数的值真的就能得到像因纽特语和努特卡语那样与英语相差甚远的语言的语法吗？实际上这些也不能确定，因为生成语法基本上是在观察英语的基础上诞生的。

当然，研究者们也使用生成语法的理论对英语以外的语言进行研究，但是从全世界的语言来看，他们研究的只不过是以欧洲语言为中心的一部分语言。也就是说，乔姆斯基的理论是否能通用于其他语言尚属未知，乔姆斯基所思考的普遍语法实际上也许只能解释世界语言的一部分。

小知识

参数：管辖约束理论以后的生成语法中，认为普遍语法是由作为常数部分的原理和变量部分的参数构成的，变量的值是根据任何人类儿童都具有的语言获得装置，由在周围使用的实际语言来决定的。

意象图式、范畴化和凸显

根据乔姆斯基的说法，人类的语言能力是人类天生拥有的认知能力的一部分，但是不能还原到其他的认知能力，形成了独立的模块。也就是说，生成语法强调了语法的自主性。与此相对，也有人认为人的语言能力更符合人的认知能力，这种立场的思考方式被称为认知语言学或认知语法。

人类的语言能力和一般的认知能力有着很深的关系，这一点本身是毋庸置疑的。例如，如果使用单词的含义与原本的含义不同，则可能是因为它与原本的含义之间有某种关系，我们通过在两者之间找出某种共同点、相似点来将两者结合起来。

此时，我们认知能力的一部分是在相似的事物之间发现共同点和相似点，而不仅仅限定在语言处理的能力上。另外，我们在用语言描写某件事情的时候，并不是把看到的东西全部描写出来，而是关注某个对象，通过与该对象的关系来描写事件。语言的这种存在方式，实际上也是根据人类对事物的看法和认知方式决定的。问题是，在对语言能力及人类的一般认知能力研究不充分的情况下，很难判断语言能力是否具有自主性。

随着生成语法理论的动向，在20世纪末，认知语言学的支持者迅速增加。上世纪80年代生成语法提倡管辖约束理论，强烈主张句子的结构受到各种制约，即没有合理结构的句子另当别论，具有合理结构的句子未必都是正确的句子，要成为正确的句子，必须遵循结构上的制约。

在这里，判断句子是否遵循制约是语言能力的一部分，但是在生成语法中，以参照语言特有概念的形式记述了判断时所需的规则。这样一来，很难用一般的认知能力来解释这种能力，因此设想出了独立的语言能力。

那么，每个人日常都会使用语言，在交流时我们应该使用大致正确的句子，所以我们每个人都必须具备生成语法所主张的语言能力。但是，除了语言学家以外，一般的说话者并不熟悉生成语法在解释中视为必要的“概念”。当然，一般的说话者也可能只是没有意识到这样的概念，实际上在头脑中进行了正确的处理。即便如此，雷科夫、兰盖克等认知语言学的倡导者们对生成语法的这种主张持有疑问，他们意图使语言理论更接近一般认知能力的水平。

小知识

意象图式：在认知语言学中，雷科夫（1941—）等人的认知语义学也很重要。通过对反复经历的认识过程进行图式化，来捕捉语言表达的意义与感知、认识等之间的关系。另外，意象图式也是比喻成立的基础。

认知语言学的基础是我们的观点，即将心理学上所说的形态知觉，或者视角的移动，作为认知框架的意象图式等。认知语言学认为语言所表达的概念也是基于这种观点被范畴化的。

认知语言学亦主张，关于语言描写的事态，把握事态的方法也很重要，各种各样的事态都是基于我们的看法而被凸显。另外，迄今为止通过语言能力说明的现象中，至少一部分应该通过与语言运用的关联来说明，语言研究也应该关注在语言实际运用中动态变化的部分。

语言是用来传达概念的，如果没有概念语言也不成立。那么，概念是如何形成的呢？虽然有通过语言促进概念化的部分，但概念的形成也与我们一般的认知能力相关。关于事态，并不是复杂事态的所有侧面都被付诸语言了，其取舍选择与我们的看法有关系是理所当然的。

另外，无论是索绪尔所说的语言共同体的成员之间的共有知识“语言”，还是乔姆斯基所说的语言能力，重视的都是语言的划一性，但实际上语言是多种多样的，从语法上多少有些错误的句子也能沟通来考虑，可以理解应该更关注语言实际运用方面的主张。

问题是，即使用一般的认知能力来说明语言各种各样的现象的尝试是正确的，但是由于我们本身对认知能力所知甚少，所以最重要的解释往往容易变成泛泛而谈。实际上，也有不少人认为，认知语言学研究主张的内容太过于理所当然而对语言理论的发展毫无贡献。

当然，无论说话人的知识水平如何，任何人都能使用语言。然而正因为有了那样复杂的解释，语言学才作为学科成立了。

人类所拥有的一般认知能力，与语言无关，大体上是共通的，但语言却有着惊人的多样性。如果能用一般的认知能力来解释语言的各种现象，首先必须要能解释其多样性。那时，是否不用承认自主性的语言能力就能预测认知语言学的未来呢？

小知识

罗纳尔多·兰盖克（1942—）：美国语言学家。认知语法的倡导者，主张语言知识的本质存在于具体的语言使用的积累中，从认知语言学的初期开始作为代表性的研究者持续活跃。主要著作有《认知语法基础（第一卷）》（1987）《认知语法基础（第二卷）》（1991）。

05 机器人能说话吗？

语言处理、机器翻译、语音合成

近年来，随着计算机技术的不断提高，各种领域都在尝试用机器来代替人类工作。计算机的计算能力已经远超人类，我们利用计算机的计算能力还开发出了能够直立行走的机器人，也有不少机器人在灵巧和力量方面超过了人类。

但是，在语言能力上，现在还没有能和人类匹敌的机器人。的确，机器人中也有能说人类语言的。但是，这只不过是在一定条件下说出固定句型，并不能像人类那样自发地进行对话交流。

人类的语言能力到底是怎样的，其实际情况至今尚不清楚，这当然会很大地影响机器人语言能力的提高。为了弄清人类的语言能力，语言学提出了生成语法等各种各样的理论，在工学领域（计算机科学）也进行了用计算机可实现的数理模型模拟实际语言的尝试。当然，不能保证实际语言是遵循数理模型的。但是，要活用计算机的能力，就必须是可搭载在计算机上的模型，而且，原本在工学领域就没有必要完全模仿人类的语言能力，最终只要能发挥和人类语言能力相同的功力就可以了。

那么，从计算机科学的观点来看，像乔姆斯基的转换语法那样的模型是不太合适的。在转换语法中，是通过对深层结构应用转换规则来导出表层结构的。但是，转换规则有很多种类，由于各个规则都有适用条件，即使是计算机也要花费大量的时间来计算某个序列是否能适用转换规则。

只要计算机的计算能力进一步提高，就可以解决上述问题，但是如果还有其他不需要复杂计算的模型，就没有必要特意采用转换语法作为模型。因此，在工学领域，一般采用与语言学中所说的短语结构语法（广义短语结构语法或中心词驱动短语结构语法）相近的模型。在该模型中，没有深层结构、表层结构等区别，只有通过在由规则展开的成分结构的终端节点插入适当的单词来获得句子。规则并没有特别的适用条件，计算机较容易处理。

当然，因为在各自的终端节点上只能插入特定类型的单词，所以为了用这个模型再现实际的语言，必须在计算机中预先存储关于各个单词的详细信息。但是，虽然存储与单词相关的详细信息对人类来说是负担，对计算机来说却很容易，因此可以说这个模型适合于计算机。

这样的工学领域的研究成果，被应用于诸如文字处理机的日语输入程序和翻译机器等。由于语法分析技术的进步，文字处理机的转换效率显著提高了。另外，最近在网络上就能轻易使用的翻译机器，在处理英德和英法这样相对类似的语言时，准确度也大幅提高。

但是，像日英这样语法完全不同的语言之间的机器翻译，目前还没有达到令人满意的水平。这是因为，两种语言如果语法不同，就不能直接利用原文的语法分析结果，会给计算机增加例如用于转换结构的计算等多余的负担。特别是日语句子经常会出现主语省略等情况，从日语翻译成英语时就需要加以补充。另一方面，从英语翻译成日语时如果不适当省略，就无法成为自然准确的日语。

虽然目前计算机的语言处理能力还不发达，但是今后可能会取得更大的发展。那么人类和机器人能够自然对话的日子会到来吗？自然会话需要解决的问题有很多，其中之一就是语音合成的问题。虽然智能手机上安装的语音助理功能的应答不一定吻合是个问题，但最重要的是，应答的声音听起来不像是自然的语言。我们人类在说话的时候，会调节各个声音的发音使其听起来流畅，但实际上即使是高级计算机也很难做到这点。

另外，为了让会话听起来更自然，句子和句子之间的联系也成了问题。我们一般通过组合几个句子来传达信息，当然，这些句子必须构成一定的上下文。

然而，虽然关于句子结构分析的研究仍在继续，但是关于语篇连贯性主要原因的研究却相对滞后。而且，语篇所具有的结构并不是像句子那样基于严格的规则性。如何让计算机处理这种模糊的关系将成为今后研究者们面临的大问题。另外，在人们的对话中，还有不少部分是基于无法用语言表达的常识性判断。如果不能将这些部分存储进计算机，那么最终就不得不依赖大量记忆的例句，这样就更难以掌握自然的对话了。

小知识

自然语言处理：自然语言处理是指用计算机通过解析器（语法解析器）处理人类语言的技术。在语言的处理中，不仅是词素和语法等形式方面，意思和上下文的解析也不可或缺，特别是对于后者，存在着如何处理模糊的句子和语言无法表达的背景知识的课题。

在酒吧得到机器人安慰的那一天什么时候会到来呢？

自然科学与形式科学

现代意义上的语言学是在 19 世纪末到 20 世纪初索绪尔提出他的理论以后诞生的，在他之前的语言学和之后的语言学有什么不同呢？

最大的区别在于语言是被看作规范还是客观观察对象。在索绪尔之后，终于客观地描述了语言，其结构和体系被定位为应该解释的对象。这种态度也可以说是近代科学的基础，也是在索绪尔之后，语言学被称为科学的原因。

但是，如果语言是客观的观察对象，分析语言就是语言学的话，首先必须确定作为分析对象的语言本身。也就是说，如果是句子，正确的句子当然会成为分析的对象，错误的句子不会成为直接分析的对象，所以首先需要分辨正确的句子和错误的句子。

但是，句子中存在着谁都能一眼看出正确与否的句子，也存在着难以判断是否正确的句子。对于这样的句子，即使可以进行判断，但如果判断是基于观察者的主观想法，就难以保证客观性了。另外，仔细观察实际使用的语言，我们可以发现，不仅仅是“正确”的句子，人们在一定程度上也会使用“不正确”的句子。

比如，日语母语者也会弄错“は”和“が”的使用方法，而且很多时候都没有意识到是错误的。在这种情况下，如果按照文字客观地观察语言，那么错误使用“は”和“が”的句子不会包含在分析的对象中。为什么这么说呢？因为那样的句子是“不正确”的这一判断，是基于某种经验的判断，所以与客观决定分析对象的原则相矛盾。

但是，反过来说，如果把这些句子也包含在分析对象里，分析会与大多数日语母语者所持有的语感产生分歧。另外，语言原本就会根据我们人类日常使用而改变形态，所以无法完全分离作为观察者的人类和语言。也就是说，在语言学中，要抛开进行分析的人类，客观地确定要分析的语言范围是很难的。

如果这样，就不能把语言学看作是自然科学这一意义上的科学了。当然，我们是用大脑来处理语言的，所以有必要分析大脑中的语言处理过程。并且，尽管要客观地观察大脑功能很困难，但也是有可能的，这个研究本身可以说是自然科学意义上的科学。然而，观察大脑首先是神经科学的任务，语言学只不过是利用了其成果而已，因此语言学还不能称为自然科学。

小知识

语言学的相关领域：有神经科学、人类学、研究语音性质的语音学、研究自然语言处理的计算机科学等各种各样的相关领域。另外，语言学中也有社会语言学，通过与心理过程的关联来把握语言的心理语言学，考察语言地理分布的地理语言学等各种各样的领域。

那么，语言学在什么意义上是科学的呢？

的确，在语言学中，虽然很难完全客观地定义分析对象，但是可以找出有问题的句子语法上的相对差异，而且，这种判断如果不基于观察者的主观，而是被使用该语言的社会共同体的经验事实证实的话，那么我们可以将以“经验上正确”的句子为核心的一定范围的句子定为近似的分析对象。

实际上，生成语法就是这样确定了作为对象的语言现象的范围，其中存在不假定某计算机制就无法解释的现象。生成语法从这一事实中提出了解释所需的计算机制，并认为该计算机制才是普遍语法。其他语法理论也会针对一定的语言现象提出假说并进行验证，在这一点上与生成语法没有区别。针对某个现象，建立解释的假设，再进行验证，这一过程正是“科学”的研究方法，从这个意义上来说，语言学可以说是形式科学的一种。

但是，虽说是验证假说，要证明是唯一正确的假说也不是简单的事情。因为语言并不是与物理现象在同一水平上受法则支配的，当有多个解释某个现象的假说时，判断一方比另一方优秀的根据只不过是相对的。另外，某种意义上，合理的假说、前后一致的假说、经济的假说当然比其他的假说更优秀，但是因为使用语言的人的行为并不一定是合理的，所以也无法保证人类在使用语言时一定会按照合理的假说和前后一致的假说。

就自然科学而言，存在着某种绝对正确的原理，在解释各种各样的现象时，在这一原理上构成假说。但是语言学中，连根本的原理是否存在都不清楚。如果普遍语法确实存在，那就是语言的根本原理，但是世界上的语言是多种多样的，乔姆斯基所说的普遍语法也有可能只适用于一部分语言。

无论如何，语言学确实是科学，但是语言因为人的使用才能成立，所以不能避开人这一不确定的因素。

小知识

神经科学：是研究人类和动物的脑神经系统的自然科学的其中一个领域，20世纪末以后急速发展。研究神经细胞及其形成的神经回路的生理性质、知觉、记忆与神经回路的关系，甚至认知和感情等更高阶的机能和神经回路的关系等。

专栏

弗里德里希二世的实验

在 13 世纪前半期的德国，有一位弗里德里希二世国王（神圣罗马帝国皇帝和西西里亚王），他被称为中世纪最进步的君主，以振兴学问和艺术而闻名。由于逸闻，好奇心旺盛的国王对语言起源这个难题也很感兴趣。

国王的非凡之处在于，他试图通过实验来弄清这个问题的答案。国王认为，如果能知道孩子出生后第一次说的话语，就可以知道语言的起源。但是，人类的孩子是听着周围人说话成长起来的。另一方面，我们祖先中的某个人第一次说话的时候，周围没有其他会说话的人。

于是，国王命人在听不到语言的环境养育孩子。他认为这样一来，那个孩子第一次说的话语就会和我们的祖先一样，是根据迫不得已的欲望说出来的，那句话就能说明语言的起源。

但是，不幸的是这个实验以失败告终，那个孩子在说话之前就去世了。

实验本身是人体实验，虽然在伦理上不被允许，但是国王着眼于孩子的语言可以说是独具慧眼。

实际上，在现代语言研究中，孩子的语言不仅仅是语言的起源，在阐明人类语言能力方面也成为关注的焦点。

索　引

W

X

Y

Z